自立と希望をともにつくる

特別支援学級・学校の集団づくり

編著
湯浅恭正
小室友紀子
大和久勝

クリエイツかもがわ
CREATES KAMOGAWA

はじめに

「困っている子の自立と希望をともにつくる」──これが本書のテーマです。

二〇〇七（平成一九）年に特別支援教育の制度が始まるのを前に刊行された『困った子は困っている子』（大和久勝編、クリエイツかもがわ、二〇〇六年）は、通常の学校に在籍する発達障害児の一人ひとりに寄り添いながら、生活する学級・学校の集団のあり方を問い直す生活指導実践の方向を鮮明に指し示したものでした。

「困っている子」は通常学校だけに在籍しているわけではありません。特別支援学級・学校（以下、支援学級・支援学校）に通う子どもたちも含めて理解したいと思います。「障害者権利条約」や「障害者差別解消法」といった制度改革の提起がなされる一方で、大規模化する支援学校の教育条件など、発達する権利の保障には程遠く、幾重にも「困っている」生活の中で暮らしているのが支援学級・学校の現状です。こうした状況だからこそ、当事者の目線に立った創造的な生活指導実践が求められています。

本書の執筆者は、全国生活指導研究協議会（全生研）に集う教師・研究者です。『困った子は困っている子』の刊行以来、全生研では通常の学級での発達障害児の指導に関心が寄せられ、そこに議論が集中してきました。同時に「多くの障害児を対象にしている支援学級・学校の集団づくりの探究を」という声も強くなり、最近ではその期待がますます高まっています。

こうした背景から本書は、この間に蓄積されてきた成果をもとにして、支援学級・学校で暮らす子どもたちの自立への願いをどう理解し、教師や仲間との関係をつくりつつ、希望を紡ぐ集団づくりをどう進めるのか、その実践的な展望を考えようと編まれました。

支援学級や支援学校の取り組みを振り返ると、障害児のキャリア発達・社会的自立を目指したスキルの形成に重点を置く実践が数多く見られるようになりました。もちろん、社会的な自立という課題は、障害児教育では常に頭におくべき視点です。だからこそ、私たちは障害のある子どもが、人やモノに積極的に働きかけ、希望をもって生きるに値する社会を形成する力を育てようとしてきたのです。

しかし、障害のあるなしを問わず、子どもを自己責任に追い込む今日の学校を取り巻く生活は、ともに暮らす人々と共同して自立しようとする意欲を奪いとり、自分自身で自分を追い詰めるという希望なき生き方を迫るものです。

第1章と第2章では、子ども集団の意義を大切にしてきた支援学級・学校の取り組みを通して、子ども理解と集団づくりの見通しが示されています。支援学級といってもその構成や指導体制は一律ではありません。また支援学校も障害種によって実践の課題はさまざまです。

しかし、本書のタイトルにあるように「自立と希望をともにつくる」のが実践です。子どもの生活世界に参加し、ともに生き方を問い直しながら、自立への希望を紡ぐことの意味を本書の各実践は教えています。全国で日々取り組まれている障害児教育の実践を、生活指導・集団づくりの視点から問い直し、これからの展望への示唆を多く見て取ることができます。

障害児への支援は、学校での取り組みを保護者や関係機関との共同を抜きに語ることはできません。この間、学校と保護者・関係機関との連携のあり方が問われてきました。しかし、「連携」という制度的な枠組みの議論が中心になり、どう互いの立場を越境して共同するのかという視点は弱かったように思います。

本書の実践を通して、関係者の間の「共同」の意味を考え、これからの時代の支援学級・学校の実践を支える基盤となるものを確かめたいと思います。もちろん、通常学級との関係、地域との関係など、実践を支える論点として共同論をさらに深めることも大切な課題です。

第3章では、支援学校の教師としての立場から、生活指導や集団づくりの核となる実践のポリシーが提起されています。今、教育のスタンダード化が盛んに求められ、そのためにルーティン化・マニュアル化した取り組みが目立つようになりました。こうした傾向に対して、改めて「指導」とは何か、教育の目的を問い、そのために保護者や同僚の仲間とともに生きがいをもって教師として生活する意義をこの章では学びたいと思います。

第4章では、インクルーシブ教育時代の動向に触れて、障害児の自立にとって支援学級・学校の果たす意義を検討しています。通常学級に「同化」するのではなく、支援学級・学校も含めて多元的な学びの場づくりが求められているからです。そうした障害児の人格的な自立を促す集団づくりの課題と展望を示しています。なお、この章では、全生研における障害児の集団づくりの研究過程を簡略に振り返っています。50有余年の歴史をもつ全生研における障害児教育の探究をもとにして、これからの時代を担う世代の方々がどうそれを発展的に継承していくのかに期待するからです。

本書が支援学級・学校で日々障害のある子どもたちに取り組んでおられる先生方やこれから教師を目指す方々はもちろん、通常の学校での子どもの自立の課題や学校教育のあり方について、一息ついてじっくりと考えようとされる方々にとって参考になれば幸いです。

最後に、クリエイツかもがわの田島英二さんには、企画から編集まで貴重な示唆をいただき、深く感謝申し上げます。

二〇一六年七月一日

編者を代表して　湯浅恭正

自立と希望をともにつくる　特別支援学級・学校の集団づくり　もくじ

第1章〈特別支援学級〉子どもの自立を支える集団づくり　9

第1章

〈特別支援学級〉子どもの自立を支える集団づくり

1 子どもたちが一緒に過ごすための経験を増やそう

小学校教員　荻野　明夫

1　学校の状況

私の勤務する学校は、各学年二クラスで周りの学校に比べると児童指導上の問題は少ないといわれているが、年々落ち着かなくなってきている。

特別支援学級は、知的障害級：尚樹（小四）、竜太（小四）、幹夫（小五）、アキコ（小三）、情緒級：将太（小三）、肢体不自由級：裕也（小二）の三クラス。子どもたちは、活動的で、対外行事、調理実習、休み時間、お誕生会などで三クラスの交流をしている。

通常級の先生たちは、特別支援学級の子どもたちへの関わり方に差がある。例えば、「今日は元気ないじゃん」と声をかけてくれる人もいるが、学校行事や運動会などのときは「早く並びなさい」「じっとしなさい」などと怒鳴ることがある。また、特別支援学級の子が落ち着かなかったら、気にしないように振る舞ったり、すぐに担任を呼びに行かせたりすることが多いので、通常級の子どもたちも同じように接していた。

そのため、少しでも交流級の子どもたちの意識を変えていき、一緒に過ごす経験を増やし、その後、教員へと広げていきたいと考えた。

2 子どもの実態を知ろう

私は、情緒級の将太の担任であった。昨年度の二月に全介助の裕也が、転入してきた。肢体不自由級が今までなかったため、学級が新設された。管理職からは「肢体不自由級の担任と子どもの両方をフォローしてください」と言われた。そのため、四月から関わりを増やそうとした矢先、アキコの転入の話が舞い込んできた。アキコは、ベトナム語しか話せず、学校生活に慣れていないという話だった。

また、知的障害級の尚樹は、多動でマイペースのため、特別支援学級の主任は今まで尚樹を中心としていたが、アキコが入級してからは、アキコに関わることが多くなり、尚樹への関わりが減ってしまった。そのため、将太とともに尚樹のことも見る機会が増えてきたので、次の方針を立てた。

①今まで以上に他の特別支援学級の実態を把握する。
②子どもたち同士の関わりを見る。

ある日、将太は、裕也の教室に行き「赤ちゃん」「赤ちゃん」と声をかけたり、無理やり手を引っ張ったりしていた。将太は、初めての人に対しては、「赤ちゃん」と声をかけることが多かった。裕也には「もし将太が赤ちゃんって言ったら、注意するから、すぐ教えてね」と伝えた。その後、裕也は「赤ちゃんって言った」と知らせるようになったので、「ありがとう。すぐ、注意するね」と言い、その場で「赤ちゃんではないです」と将太に伝えると、将太は教室から逃げていった。原因として考えられるのは、裕也は、うまく歩けず、乳母車（車いす）、だから〝赤ちゃん〟ということだと思った。一週間くらいたつと、将太の「赤ちゃん」という回数が減ってきたが、たまに「赤ちゃん」ということもあった。

アキコは、座っていることが少なく、すぐに教室から出て行ってしまうので、主任が追いかけ回していた。そして注意しても笑っていたり、走って逃げたりして、注意されていることを全く理解していない様子だった。私もベトナム語の本を見せて、絵とともに単語をさしたが、反応がないので、ベトナム語もあまり文字として理解していないと感じた。

3　特別支援学級同士の関わりを増やそう

少しずつ子どもについてわかってきたので、次の方針として、

①将太に、裕也やアキコへの関わり方を見せる。
②裕也やアキコと一緒にいる時間を増やし、遊ぶ機会をつくる。

裕也とは、朝、帰り、昼食などで、短時間でも会話をするようにした。一週間くらいたつと、マットの上でストレッチをしている裕也の横に将太が添い寝をし始めた。そして裕也の鼻を触ったり、頭を触ったりしていたので、「顔は危ないです。手ならいいよ」とやさしく伝えると、手を引っ張ったり、たたいたりしていた。裕也も始めはギャーと叫んでいたが、いつの間にか、将太の顔を触ったりしていた。そのため「顔は危ないので、手にしなさい」と伝えると、裕也も手を触ったりして、二人で押し合いや引っ張り合いをし

ていた。あとで裕也に「将太と何をしたの」と聞くと「将太とバトルした」とうれしそうだった。

また、裕也とアニメの話をしていると、将太は裕也の近くで本を読んでいるが、耳を澄まして聞いているようだった。一週間後のある日、将太が裕也のアニメの世界に入り、「アミちゃん（アニメのキャラクター名）は、どこか行っちゃった」「アミちゃん、いないよ」などと声をかけると、裕也は、「アミちゃんは、そばにいます」「アミちゃん。アミちゃん」と寂しそうに叫んでいたが、アミちゃんの話題で、将太が会話をしようとしていると感じた。

アキコには、ベトナム語であいさつや簡単な言葉で声をかけるようにしていたが、ふとアキコへ否定語のベトナム語が増えているのを感じてきた。そのため、肯定の言葉で伝えたり、ほめたりするようにしていった。ベトナム語を調べながらのため、声をかけるタイミングがズレてしまうこともあったが、アキコも少しずつ落ち着いて話を聞いてくれるようになってきた。アキコへのやりとりを見ていた将太も「アキコは日本語通じないいんだから、英語で話さなくてはダメ」と言い、「マミー、ハウス」「ペーパー」などとアキコへ声をかけるようになった。

知的障害級の子どもたちは、校庭で虫とりやブランコで遊ぶのが好きなので、将太にも「一緒に虫とりに行きな」などと声をかけると、走って外に出て行った。裕也も、体調にもよるができるだけ外に出して、みんなと一緒の空間を感じさせようとした。例えばアキコ、将太がブランコをしているところに裕也も連れて行き、ブランコに乗せると、「楽しい」と話してきた。

教室では、風船バレーボール、玉入れなどを裕也とアキコと行った。一緒に遊ぶ時間が短いときでも、裕也とアキコには将太たちと同じ空間を共有させようとした。また「黒ひげ危機一髪」では、将太と裕也が楽しそうに二〇分くらい遊ぶことができるようになり、アキコも教室にいる時間が長くなってきた。

4　一年生との関わり

二学期になり、「『特別支援学級は遊んでいいな』『何であんなことをしているんだろう』ということを子どもが言っている」と、一年生の担任から言われた。原因としては、将太が朝、不機嫌なとき、自らクールダウンのため、廊下で横になっていたり、尚樹が段ボールでロボットを作って変身している姿を見ていたりするためと考えられた。そのうえ、九月末には、運動会を控えているので、一年生へ簡単な授業をすることにした。

授業の目的としては、①一人ひとり違いがあること　②特別支援学級の学習について大まかに話そうと思った。そして、将太や裕也も授業に参加させ、こちらの質問に答えたり、発表したりする時間を設けようとした。

授業から数日過ぎたころから、一年生が「将太、給食だよ」「将太、今日機嫌悪い？」「将太、手を洗っていたよ。でも水出しっぱなしだった」「裕也は、向こうにいるよ」「昨日、広町公園で一緒に将太と遊んだよ」と話してくることが増えてきた。

運動会の練習では、将太や尚樹が途中で教室に戻ったとき、「今日は、昨日よりも長くがんばっていたね」などと、交流級担任が将太に声をかけることが増えてきた。また、一年担任からも「授業で使った絵本を貸してほしい」と言われたりした。

5　整列での出来事

自分の並ぶ場所がわからずイライラしている将太に対して、交流級の子どもたちは、無関心なことが多いと感じた。将太が四列に並ぶ場所を覚えていないこともあるが、交流級担任が交流級の子どもたちに「おしゃべりするな」「集中しなさい」「いつまで遊んでいるの。いい加減にしなさい」と注意するため、将太が声をかけても他の子どもは無関心なときが見られた。そのため、周りの子どもたちに「将太がわからないと言ったら、教えてあげてね」「将太がいなくても、開けておいてね」と伝えていった。

数日後、将太を先に行かせて、そのときの子どもたちの様子を見ることにした。将太が「場所がわからない」と叫んでも無関心。大きな声で叫んでやっと、交流級の先生が声をかける感じだった。将太には、「『場所がわからない』と言ったことはよかったよ。また場所を聞くといいよ」とほめて励ましていった。

少したつと、交流級の数人の女の子から「将太こっちだよ」と教えてくれるようになったので、「将太に教えてくれてありがとう」とほめていった。

6 おしゃべりタイムの計画を立てたが…

一〇月中旬、裕也の担任が出張のため、一日、将太と合同授業をすることになった。普段は一問一答のような会話のやりとりのため、今日は将太と裕也と三人でおしゃべりタイムをしようと考えて、「昨日は何をしましたか?」という質問からスタートをした。

将太「寿司屋に行った」
裕也「土曜日に寿司屋に行った」
将太「何食べた」

裕也「サーモン」
将太「マグロ。玉子」「綿菓子食った」
裕也「綿菓子って何」「知らない」
将太「綿菓子は…」と身振り手振りで教えていた。

その後、テレビやマンガ、ハンバーガーの話となり、一〇分くらい話し続けていた。自分が立てた計画とは違っていたが、長い時間の会話は初めての出来事であった。その後、これをきっかけに将太と裕也の会話のやりとりが増えていった。

7 教職員集団との関わり

この学校では、特別支援教育の研修会などで学習しているが、学力が低かったり、落ち着かない子どもがいるときは、厳しい指導をしたり、発達障害の検査を促したりしている。そのため、次の方針を立てた。

①さまざまな先生へ将太から関わりをもつようにする。
②活動や遊びを通して、将太に対する関わり方を理解する子どもたちを増やすようにする。

将太は、行事の前になると、交流級の先生に「明日は、中学校へ行って、クリスマス会をします」「特別支援学級で給食をとるので、三年四組では食べません」と伝えた。しばらくすると、交流級の先生から、「明日の行事のことを聞いたよ」と言われた。その後「朝から将太が機嫌悪そうに歩いていたよ」「今日、将太があいさつしてくれたよ」と将太のことを伝えてくれるようになった。

交流級の子どもたちの様子にも変化が見られた。ある日の給食時間、将太と交流級の健二がちょっかいを出し合って遊んでいたとき、交流級の薫が「先生に怒られるからやめな」と将太を注意した。すると、将太は、給食セットを投げ、「もう食べない」と言い、廊下に出て行ってしまった。何も知らない周りの子どもたちが「薫、何で将太怒ったの?」と聞き、状況を把握すると、交流級の太郎が、「それは、薫が言い過ぎだよ。薫だって人のこと言えないよ」と話していた。

8 なわとび大会に向けて

毎年二月末には、個人で行う短なわとクラス対抗の長なわが行われるなわとび大会がある。長なわで二分間跳んだ数を競い合い、苦手な子どもたちは厳しく指導されるので「よく跳べないから…嫌だ」という声が子どもたちから出ていた。特別支援学級の子どもたちは、「記録が伸びないので、参加させないでほしい」と言葉にしなくても雰囲気から感じていたので、余計に、特別支援学級の子どもたちも一緒に跳べるようにしたいと考えていた。また、交流級の先生は、記録を伸ばすことに必死で、厳しい小川先生のまねをして指導していた。

もちろん将太も交流級で参加するが、昨年は一回でも引っかかるととても嫌がり、練習でも落ち着かなかった。そのため今年は次の方針を立てた。

①なわを二回見て入れるようにする。
②みんなと順番に並んで長なわをする。

一二月ごろ、将太は、今年度初めて交流級で長なわを行った。将太は三～四回見ていて一回跳ぶくらいで、「跳べないのわかっている」と将太に言われてしまった。そのため、将太に秘密特訓をしようと提案して、練習をしようとしたが、将太は一回跳ぶと「何でみんなと跳ばないの」「みんなと跳びたい」と言ってきて、秘密の特訓ができなかった。「でもどこかで練習しないとできないよ」と伝えると、「じゃあいいよ。がんばるよ」と言って、次の交流級での練習では二～三人前のときからリズムを合わせるようにしていた。けれども、みんなの前ではあえて厳しく対応していき、石田先生がフォローするという形となっていた。例えば「まだ遅い」「もっと早く入る」と伝えて、「あとはよく見なさい」と言い、自分で考えさせた。石田先生は、「惜しい」「あとちょっと」と声をかけていた。

教室に戻ると、「今日がんばったよ」とほめた。練習の前のときには「早く入ることだけがんばろう」と一つのみのめあてを伝え、あとはとにかくほめていった。その他の子どもたちには、石田先生は少し厳しめに指導し、休み時間には、私が周りの子どもたちをフォローするという形が自然ととれていた。

本格的に練習を開始して一週間がたつと、将太は、二回で入ることができて、今年の目標をクリアしてしまった。そのため、今後のことを将太と話し合った。

私「将太、今年のがんばることをクリアしたけど。まだ大会当日まで一週間あるので、次のレベルにチャレンジしますか？　クリアしたら、ポイントアップですが」

将太「じゃあ、挑戦する」

私「一回で入ることがレベル50。連続で入ることがレベル100だよ」

将太「わかった。レベル50って超中級だね。レベル100が究極だね」と答えた。

話し合いの結果、『長なわ大作戦』と名付けて、超中級三日間と究極三日間として、黒板の端に掲示した。

本音としては連続跳びは、大会当日に一回でも跳べれば、合格ラインという気持ちであった。

休み時間になると、「将太行こうよ」と交流級の子どもたちが長なわ練習を誘いに来るので、「じゃあ、行こうかな」と言って参加し、楽しそうに取り組んでいる。長なわにひっかかっても「次があるよ」「惜しい」という声が周りの子どもたちから聞こえてきた。

なわとび大会が近づくにつれて、将太は急激に成長して、大会の前日には、連続で跳ぶことができるようになった。交流級の子どもたちからも「将太すごい」「将太がみんなと跳んでいる」という声が聞こえ、長なわにひっかかる子どもたちの顔色が変わってきた。職員室でも「将太が連続で跳べたって、すごいじゃん」などと話題になっていった。

なわとび大会当日、将太は「ママとパパが来ないから、がんばる」と言って、連続跳びを繰り返し成功し、長なわでは中学年の部で一位となった。長なわが終わると「今日は、ママとパパのためにがんばった」と言っていた。次の日の連絡帳には、「泣けるほど感動しました」「友だちのママがとったビデオを見て、本当にびっくりしました」と書かれていた。そして交流級のお友だちの日記にも「将太がすごかった」「びっくりした」と書かれていた。

子どもたち同士の関わりが増えることで、自分の思い通りにならないこともあるが、将太なりのクールダウンができるようになってきた。また、トラブルが起きたとき、周りの子どもたちが「何をやったの」と近くの人に聞いている姿も見られるようになり、将太に対する理解が深まっているように感じている。また教職員集団もなわとび大会から、将太に対する声かけがよくなっていった。

2 岳は何に困っているの？
ぼくは積極的になりたいです

小学校教員　紗倉　咲

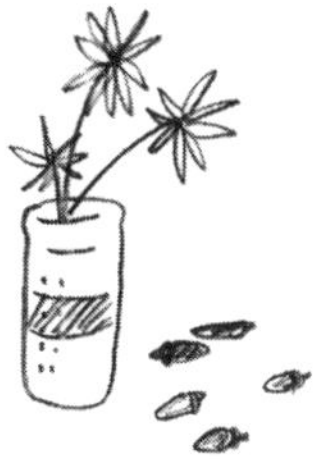

1 出会い

岳は五年生、三年生から特別支援級に在籍。その理由は、学習面で課題が多く授業についていくのが困難であったこと、発達検査ではボーダーライン上の数値が示され、コミュニケーションの様子からも特別支援級が望ましいだろうというクリニックの診断を受けたことによる判断だった。

私は四月に異動し、特別支援（知的障害）級担任として岳と出会った。その特別支援級には、もう一人、知的発達に課題が大きいようこがいた。ようこも五年生だ。

交流級の五年一組は、三五名。どの学年も単級の小規模校で、一年生の時からクラス替えはない。三年生の時にはようこへのいじめ、四年生の時には岳へのいじめがあったと聞いた。

学校の特別支援教育の方針は、「生活の基盤は交流級におき、一人ひとりの課題に応じて、特別支援級の教室で、個別に学習や活動を行う」とされている。岳は前年度にならって国語の時間だけ、ようこは前年度の国語・算数に加えて社会の時間に、支援級にきて学習することにした。私は、岳とようこの個別指導以外の時間は、五年生や三年生のクラス支援に入った。五年生の教室にいる時間が長い。

私は、自立面で課題の大きいようこの傍にいることがどうしても多くなったが、時々岳に目をやると、集団の中で口数も少なく、表情も乏しい。身のこなしに幼さを感じた。何か尋ねると、「しらない」「わすれた」「わかんない」という短い言葉がすぐに返ってきた。ケイコやアイコからいじめられていることも訴え、自己肯定感の低さを感じた。

母親の「いじめる子がいるけど仕方がない。前になかよくしてくれた子もだんだん離れていってしまう」という話も心にひっかかった。仕方がない、とは……と。

2 交流級の中で

クラスでは一人ひとりが自分で行動することが要求されていた。助け合うというより、若い男性の担任T先生の出す課題や指示においていかれないように、懸命についていこうとする子どもたちの雰囲気に胸が痛んだ。女子たちはようこにやさしい言葉はかけているが心が感じられなかった。精神的に幼く生真面目なサチコが孤立していることや、転入生のミカに冷たいことも気になった。「ようこはバカだよね」とようこに話しかけ、「うん」と言わせて笑っている場面も目にして驚いた。

五月、岳が体操服を忘れた日の朝の会で話し合いになり、忘れた人は体育をやらないという決定がされた。話し合いの間じゅう立ち尽くしている岳が痛々しかった。キャンプのグループ決めでは、なかなか相手が決まらず、男子全員でじゃんけんの結果一緒に組んだ相手からは決め直しの要求が出た。同じくキャンプのスタンツ練習では、岳はBGMのスイッチを押す役と時代劇の斬られ役で、周りの子が楽しげに盛り上がっているのをスイッチに手を添えながら見ていることが多かった。

キャンプ当日、海岸で波と戯れる岳は、終始笑っているが、幼い子が兄貴分たちの後について遊んでいるように見えた。よく動くが誰かに話しかけることはほとんどない。

3　特別支援級〈ひまわり〉での岳

岳は、一日一時間、ひまわりの教室に行くことをとても楽しみにしていた。健康診断等で国語の授業ができなくなり、「今日はひまわり行かないよ」と話すと、顔を歪ませ目からは涙があふれそうだった。(以降、国語の授業の予定変更はしないようにT先生とも話し合った。)

読み書き漢字が苦手、という申し送りだったので、ひまわりではその学習をすることに本人も抵抗はなかった。

国語の時間はようこもいるので、まず、二人とのおしゃべりタイムをつくった。ようこが次々に家での楽しい話題を話すのに比べて、岳は聞いている方が多い、話すのは妹の困った話や、以前に言われて嫌だったことなど否定的なことが多かった。

次に、群読用のゆかいな詩を黒板に書き、二人で読みあった。お互いの声に刺激されたり反応しあったり、大きな声を出して楽しく学習した。二人でもりっぱな集団だなあ、と感じられた。

その他には、かるた遊びや、絵本の読み聞かせをしながら、おしゃべりや、体のふれあいを楽しんだ。

二人で私を驚かすことが大好きで、私が大げさに怖がると、岳も大声で笑った。この表情が交流級でも見られるといいと思った。

4 宿題

岳は宿題をやってこなくてよくしかられていた、と周りの子どもたちが教えてくれた。やってこない嘘の言い訳が常で、前担任を激怒させ「虚言癖がある」とも聞いた。宿題に関わる学校からの注意が元で、家でもよく母親と口論になったそうだ。宿題は、クラスの皆と同様な漢字練習が多かったというので、それはやめることにした。

表記に誤りは多いが、ひらがなは比較的しっかり書ける岳であった。そこで、日記を書くことを宿題にしてみた。

岳専用の作文用紙を作り、初めは数行でも書いてきたらほめた。めあては、宿題をやってくること、忘れたら正直に話して一言謝ること、とした。嘘をつくような事態に追いこむことは避けようと思った。書けることがわかってきたので、行数を増やし、最後の行まで書くことを課題とすることができるようになった。母親には、宿題をがんばっていることを大いにほめた。時には日記の内容を伝え、岳の成長を喜び合った。

綴りや表記の間違いを指摘されると、「もういい」と固くなって学習がストップしてしまうので、そのようなミスにはあまりこだわらなかった。日記の内容にゲームが続くようになったので、「ゲームじゃないことが読みたいなあ」と要求した。友だちの名前や、お手伝いのことが書かれていた時は大げさに喜んだ。時々だが自分の気持ちも書けるようになり、大いにほめた。

苦手な音読の練習も日々の宿題にしたかったが、母親から「ふだんは仕事で相手ができない」と言われたので、音読は週末の宿題にした。音読の宿題で、家の人に聞かせられるように、ルビをふって読みの練習もがんばる岳であった。

5 夏休み勉強

一学期にはようこばかりに目がいってしまったことが心苦しく、夏休みに岳の補習を五日間行うことにした。

タイルや具体物を使って、算数の繰り上がり・繰り下がりやわり算の意味を学習すると、理解が進んで、正解が増えた。引き算にミスが目立つが計算はできることがわかった。しかし、漢字や読みが苦手なので文章問題が困難だった。やはり、読むことが基本と思われた。

畑に水をやったり、生き物の世話をしたり、働くことは厭わない岳であった。岳との距離が縮まり、岳の学力が確かめられた夏休みであった。が、家庭の事情で、五日のうち、三日しかできなかったのが残念だった。また、共稼ぎ家庭で、妹と留守番する日が多い岳の心が心配だった。

夏休み明けの九月、よく遊んでいた近所の○○くんと遊べないことへの腹いせに、落ちていたペンキで「○○バカ」と道路の塀に大きく書いてしまった。自分の行為の先を見通す力が弱いのだろう。本人が認めるまでに時間がかかったが、家庭訪問をしてこのことを両親に伝えた。「本当のことを言えたので、決してしからないでほしい」ということと「岳が寂しい思いをしていることのSOSかもしれない」と話すと、母親は目に涙をためていた。

この後、放課後には週に一〜二回おばあちゃんが来てくれるようになり、留守番の日が減った。おばあちゃんは岳の相手をよくしてくれるようで、「おばあちゃんとプロレスごっこをした」など、日記に書かれるようになった。

6　特フェス実行委員会

二学期の五年生の学級づくりについて、夏の遠足下見の時にT先生と話し合い、全員が、行事や学習の実行委員になるという方針を立てた。一学期は、何でもやりたがりやのケイコを中心に、一部の人たちで実行委員をやっていたことに不満の声があったからだ。

そこで、今年は本校が会場になる、地域特別支援級フェスティバル（以下、特フェス）の実行委員もつくることにした。希望を募ったところ、ユミ、タケル、ケイコが手を挙げた。岳とようこも入って五人で実行委員会がスタートした。ユミとタケルとケイコには、「クラスの二人のことをよろしくね。よそから来るお客さんを歓迎するのも大事だけど、一番はいつも一緒に生活している仲間のことだからね」と話した。

次の日の朝、「大変です、岳がいじめられている」と、特フェス実行委員になったタケルとユミが知らせてくれた。ケイコが中心になり、廊下に飾ってある岳の作品を触って菌回しをしているという。T先生がすぐにクラス全員での話し合いの場をつくり、ケイコ他九人が岳に謝った。ケイコが特フェス実行委員となったことを活かさなければ、と思った。

三人はひまわりの教室によく来て、歓迎のポスターを描いたり、特フェスのお店で売る商品づくりのキットを作ったりした。岳も商品の見本をオリジナル風に仕上げて自慢気だった。T先生の理解を得て、図工の時間に、クラスのみんなで商品を作った時には、岳もタケルと一緒に作り方を説明し、ようこもユミやケイコと一緒にキットを配った。

実行委員の五人は張り切って生き生きと動き、クラスのみんなは一生懸命手を動かして作り、温かい教室の空気を感じた時間であった。ようこも岳も「わからないことがあったら聞いてください」と言って回った。五年生だけでは商品の目標数を作りきれないことがわかったので、五人で相談して六年生の教室に行き、ものおじしないケイコが中心になって商品づくりの協力依頼もできた。

7 人権学習

特フェスの会場校となったことを機会として、特別支援級担任二人が提案し、全校で、障害を有する人々の理解に関わる人権学習に取り組むことにした。五年生の授業は、折にふれひまわり級のことを話している私が、五時間程度の計画を立て、引き受けることにした。特フェス実行委員にもそのことを話し、どんなことを知りたい？　と聞いた。ケイコは「そういうこともう知ってるし。どんなことが困っているかとかかな」と素っ気なかったが、「ありがとう、困っていることを勉強しよう」と私は明るく答えた。

障害を理解すると同時に、障害者はサポーターの力を借りて夢を実現させたり、生活を楽しくしていることに焦点を当て、サポートすることは自分にとってもうれしい気持ちにつながることに気づかせたかった。パラリンピックのビデオを導入とし、全身が不自由でも、サポーターと共に無線ハムの国家試験にチャレンジした青年の記録番組など、子どもたちは真剣に見て感想をよく書いた。外見からは困難がわからない人へのサポートも皆で話し合った。子どもたちは想像力を駆使して、自分たちができる行動を考えた。

・耳がよく聞こえない人には筆談やジェスチャー
・覚えることが困難な人には何回も言う、紙に書いてはる。
・想像することが困難な人には実際にやってみせる、図や絵に描いてわかりやすくゆっくり説明、やさしくおこらずにする。
・表現することが苦手な人には落ち着いて問い返す。等々

子どもたちが発言したことは特別支援そのものだった。

「みんなよく考えたね、やさしい！」と私は心底ほめた。

誰にも悩みや困っていることがあるから、サポートし合えるクラスになってください、違いを豊かさにできるクラスであってください、先生はいつも後ろから応援しています、と締めくくった。ようこや岳がいたからこそ、みんなのやさしい心がひきだされた、と言えるクラスになってほしいと願いながら。

ケイコも毎回関心をもって学習している様子で、自分でもこの学習はがんばったと感想に書いていた。T先生は、毎時間一緒に学習し、時には授業をフォローしてくれた。

8 学習発表会

その後の学習発表会でも、五年生は「違いを認めあう」をテーマにした劇に取り組んだ。T先生は、クラスの子どもたちを思い浮かべながらオリジナルの台本を作った。初めはけんかが多かったが、冒険する中で互いの個性がわかり、その個性を活かして困難を乗り越えていくミュージカルである。音楽の先生の協力もあって、演技も歌もダンスも、皆よくがんばった。思慮深いシンは「この劇を人権学習に活かしたい」と

発言した。

岳も、得意ではない表現活動に、精いっぱい取り組んでいた。が、ある日のグループ練習で、その場面に登場するソウタやアイコに細かいことをいろいろ注意されたからだろう「もういやだー」と大声で叫び、ソウタにとびかかっていった。子どもたちが止め、チャイムがなったので大事にはならなかったが、岳の一面を知る出来事だった。岳が大声で自分のつらい感情を出したところを私は初めて見た。ソウタは岳の幼なじみである。

残念なことに岳は、発表本番には家の事情で欠席だった。ふりかえりでクラスの多くの子どもが「岳はあんなにがんばっていたのにかわいそう」「岳の分もがんばった」と書いていたことが、岳にクラスメートの温かい眼差しが向けられているようでうれしかった。ケイコも次のように書いた。

> 私の最初の気持ちは「こんなのやだなー」という気持ちでいっぱいでした。でもみんなでやったら最初とはちがって「やってよかった」という気持ちに変われたと思います。私はそこで本当に人は変われるんだなと思います。これは本当にいい劇ができたと思いました、岳も出たかったと思います。出られなくなってとても岳はがっかりしていると思います。……

9　まきもどし

一一月に、「〇小まつり」でのクラス出し物紹介に向けた寸劇のグループ練習で、岳がまた顔を歪める場面があった。その場で私はクラスの子どもたちに話した。

「岳はどんなことが苦手なのかな。先生が見ていて思うのは一度にたくさんのことを言われた時、家庭科で作業の順番を次々に言われた時、『もうわかんないよー』と泣きそうだったよね。みんなにいっぺんにアドバイスされて、責められたみたいに感じちゃったのかな？　岳にしては珍しく大きな声を出して『もういやだー』って言っていたよね。間違えたことを言われるのも弱いんだ。みんなもそうかもしれないけれど、岳には特にそういうところがあるみたいなんだ。毎日書いている日記でも間違いを見つけられると、あっち向いてて、と言って見られないうちに直すんだよ。『あ、いけね』て直せばいいのにね。でも、それが岳らしいって先生は思うんだよ」

翌日のリハーサルで、岳はうまくセリフが言えなかった。同じグループにアイコやソウタがいてヒヤリとし、思わず「まきもどし」と小声で言った。聞こえたかどうかわからないが、リーダー格のシンもソウタも皆がすっとはじめからやり直し、二回目は岳も間違えずにできて、スムーズに進んだ。一瞬の出来事だったが、私は「まきもどし」をしてくれたグループの子どもたちに感謝した。

10 ぼくは積極的になりたい

「ケイコはかわったよ、いじわるをしなくなった」と岳は私に言った。ケイコにそのことを伝えたらとてもうれしそうだった。

タケルは遠足での弁当タイムで岳と一緒に食べたり、日常の教室でもさりげなく岳をサポートしてくれるようになった。「岳は積極的になった」とテストでいつも高得点のハジメが言った。「きっとみんなが温かいクラスにしているからだよ」と返した。

三学期にはクラス遊びに取り組むことになった。卒業式までは大きな行事がないことと、五年生がたてわり班のリーダーとして遊びをリードする役目がある、というところでT先生は遊びの取り組みに積極的だった。私も、一学期に起こったいじめの問題も、岳の課題も、遊びの文化が乏しいことが原因の一つと考えていたので大賛成だった。

みんなで遊べるクラスにしよう、と遊び係が提案してめあてを決め、たてわり班のグループごとにその日の遊びをリードしてみんなで遊ぶ。できるだけ外での遊びが多くなるよう、T先生も子どもたちに声をかけたり、休み時間の委員会活動を調整したりとクラス遊びを応援した。ドッチボールばかりでなく、缶けりやSけんやロクムシもとりいれて、とにかく体を動かして遊んだ。岳もよく走り、よく笑い、みんなの中で遊んだ。クラス遊びのない休み時間にも、岳が男子の仲間に入ってサッカーをしていた。

教室では、マンカラ（年齢を問わず誰でも楽しめる手作りゲーム盤）が流行り（流行らせ）、岳も「ハジメに勝った」ととてもうれしそうで、私にも何回も挑んでくる。家でも自分でペットボトルの蓋を使ってマンカラ盤を作り、家族で遊んでいるそうだ。

最後のたてわり集会の練習で岳がうまく話せなかった時、原因はメモがすっきり書かれていないことに気づいた担任のT先生が、岳のセリフを全部書き直してくれた。「本番はうまく言えたよ」と同じグループの女子が報告してくれた。T先生に感謝した。

三月の進級を控えての一言発言で、岳は「ぼくは積極的になりたいです」と話した。読める漢字が増え、音読も上達し、日記は毎日書き続け、算数のテストには自信があると母親に話すという。文章が読めるようになったことは他の学習にもよい影響が及んでいる。母親は「岳、すごいですね。親がついていくのにやっとです」と喜びを連絡帳に綴っていた。

二学期以降、ひまわり級で算数の補習もするようになった成果で、テストは八〇点を超えることもあった。その代わり、ようことの群読遊びは減った。一度だけ一〇〇点をとり、その時は満面の笑顔だったが、それ以外の時は「すごいね！」と言っても「すごくない」と表情を変えずにつぶやく。

クラスの国語の時間になると「行ってきまーす」と屈託なく皆にあいさつしてひまわりに向かう岳には岳の歩く道があるのかもしれない、とふと思い、よかれと思って日々やっている補習に疑問をもつ私がいる。

3 安心して自分を出せて肯定してくれる学び

ガキ大将だから素直になれない！

中学校教員　安田　吉輝

1　学校の状況

S中学校は、市内でも大規模校に入る。一年生七クラス、二年生六クラス、三年生六クラス。特別支援学級二クラス。私は特別支援学級の一組（知的障害）の担任である。持ち時間は週二四時間。音楽と美術以外はすべて私が授業を担当している。クラスの生徒は六名。一年生三名（男子）、二年生一名（女子）、三年生二名（男女）である。

2　当初の指導

三人の一年生を迎えてまず考えたのは、中学校が楽しい、だから学校に行きたい、と思ってもらうことであった。今まで、「お笑い」の方向で学級の雰囲気作りをしてきたので、上級生はすでにそういう雰囲気になじんでいる。その上級生の力を借りて、事あるごとに大笑いする雰囲気作りを心がけた。まず、三人の上級生に三人の一年生を一人ずつ割り振ることから始めた。中学校での生活の仕方の基本（係の仕事・掃除・給食・学習プリントの整理など）を上級生から一年生に教えてもらうようにしたのである。そして、私は授業中・休み時間を問わず、笑いのネタを探し、なければ作り出し、広げることにした。

まず食いついたのは、一年生の永井であった。もともと、明るく楽しいことが大好きなので、すぐに笑いの中心になってきた。そこで、私と永井でドリフダンスを踊ったり、つつきあって大げさに反応したり、ダジャレを飛ばしあったりということをした。

次に反応したのは、一年生の山形であった。勉強ばかりしている山形ではあったが、決して真面目一本ではなくお笑いも大好きであると見込んでいたので、この反応はうれしかった。私と永井のドリフダンスに混ざってきたり、ちょっとしたことで大声で笑うようになったりした。給食の時は準備中にしていたマスクを外さずに「いただきます」をし、二年生の三島に「マスクしていちゃ、食べられないよ」と突っ込みを入れられるとうれしそうに笑ってマスクを外した。帰りの会の前に私が「さあ、帰る準備をしましょう」と声をかけるのを利用して、「さあ、カエルの準備だ。ゲコ（下校）」とダジャレを飛ばし大笑いを誘ったこともあった。山形の母親からは、「中学に入って、キャラが変わったようです」との感想をいただいた。

場面緘黙傾向の一年生川中は、なかなか積極的に笑いの中心になることはなかったが、永井・山形・そして私のおかしな行動を見ては、肩を震わせて笑うという姿であった。時には、永井にドリフダンスに誘われることもあった。ほんの少し踊っただけでやめてしまったが、誘われることを嫌がっている様子はなかった。また、永井と何やら小声でこそこそと楽しそうにおしゃべり（！）している姿を頻繁に見るようになった。後で永井に聞くと、「川中君は、ポケモンのことにすごく詳しいよ」ということであった。

夏休みが終わり、体育祭のシーズンがやってきた。毎日の放課後練習（S中学校では六時間の授業の後、六〇分の体育祭練習を組んでいた）で生徒たちは疲れ切っていたので、余計に笑うことを意識して気持ちの切り替えを促した。

そんな中、川中は「気持ちが悪い」と訴えるようになった。母親からは、「暑さに弱いので、今年の猛暑に参ったのでしょう。家と違って学校にはクーラーもありませんし」という話だったので、そういうものかと思い、見守っていた。しかし、ついには交流の授業中（体育）にもどしてしまうということまで起こり、さらには二日間欠席ということになった。そこで、母親と連絡を取り様子を聞くと、「体育祭がプレッシャーのようです」との答え。とにかく、じっくりと川中の話を聞きたいので、次の日は遅刻してもよいので学校に出してもらうように依頼し、本人とも合意を作った。

次の日、川中の話をじっくりと聴いた後で、「みんなに話してわかってもらいませんか?」と持ちかけると、OKしてくれた。そこで、すぐに授業を変更して川中の気持ちや困っていることを聞く時間にした。

川中の話は次のようであった。

体育祭で、大縄（学級全員で跳ぶ。連続回数を競う）がある。自分がひっかかって記録が出せないと、みんなから何か言われる気がする。みんなが記録を伸ばしたいと思ってがんばっているのに、邪魔をすると悪い気がする。自分では、一生懸命に跳んでいるのに、引っかかってしまうので、どうしたらよいのかわからない。

それに対して、仲間からは「みんなに何か言われそうな気がする。というのはとてもよくわかる。わたしも同じ心配をしている」「みんなは、何も言わないけど、引っかかった時にみんなに見られるのがいやだ」「引っかかりたくないのに、引っかかっていやな気持ちになる」という発言が続いた。そういう発言を聞くごとに、暗い顔をしていた川中はだんだんと表情が柔らかくなってきた。感想を聞くと「みんなに聞いてもらえて、うれしかった」ということであった。

私は、「みんなと一緒にがんばりたい、という気持ちと、自分のせいで失敗するのは我慢できない、という気持ちの間で困っているんだね。これは、体に出るしかないなあ。だから気持ちが悪くなるんだ」と話した。

その後、川中の困ったことに関わって話し合う時間を二回ぐらいもった。冬になり、寒くなってきたので、朝起きるのがつらいこと。そのせいで朝部活（S中学校では七時三〇分から八時五分までが朝部活。川中は吹奏楽部）に間に合わなくなり、先輩に注意されたり、母親にしかられたりすること。母親にしかられると、ついイライラして言い返してしまうこと。そして、言い返すとそのことで余計に嫌な気分になること、など川中の困っていることをじっくりと聴くと、ほかの生徒も、私もそうだよ。こんなことがあったよ。と話が広がるようになった。

3　子どもたちの課題

三年生市村。一人ぼっちには耐えられないので、休日は友だちの家に入り浸り、自分の家にはほとんどいない。（休日は市村の家は、両親は遊びに出かけ、きょうだいはそれぞれの友だちの家に出かけるため、誰もいなくなる。）

「本を取って」と頼むと、必ず五〇センチほど手前から放り投げる。休み時間には、廊下でとんぼ返りを試みて腰を打つ。また、昼休みに、一年生や女子を追いかけまわして、きゃあきゃあ言ってもらって喜ぶ。

やりすぎて相手が私のところに訴えてきたので、話をすると、むっとした顔で「相手も喜んでいた（何が悪い？）」という。強い言葉でしかると、ふてくされて話さない。

春には山の枯れ草に火をつけて燃え広がり、ヘリコプターが出動したこともあった。夏には、ある男子が嫌がっているのに、友だち数人で、川に入ることを強制し（その子は泳げないので水が怖かった。もちろん市村はそのことを知っていた。市村は、「水に慣れさせたかった」と言っていた）、その子のTシャツと帽子を川に流してしまったということがあった。さすがにシャツと帽子を流したのはまずかったと思ったのか、店に行き通常学級の遊び仲間に命じてTシャツと帽子を万引きして返した。冬には、仲間と二人で一〇〇円ショップに入り、仲間がお菓子を万引きする見張りに立ち、あとでお菓子を食べさせてもらった、ということがあった。

一年生の山形。二・三年生が私に対して悪口を（冗談で）いうと、「そんな、失礼な！」とキッと睨む。「どうしたの？」と詳しく聞くと、「お母さんがそんなことは言ってはいけない、といった」という。私が「別にいいんじゃない。本気じゃないんだし」といっても不思議そうな顔をする。

休み時間は、一人で過ごすことがほとんどで、特に何をすると決まっているわけでもない。みんなでテレビのアニメやドラマの話で盛り上がっているときに、「山形君はどんな番組が好きなの？」と聞くと、「特にない」との答え。「じゃあ、家に帰って何をしているの？」と聞くと、「勉強している」との答え。学校では、英語・理科・社会・体育を交流学級で受けているため、一日の半分は私のクラスにはいない。たまたま、交流での社会がキャンセルになったため戻ってきたことがあった。その時間は人生ゲームをする予定だったので、山形君も誘ってゲームを楽しんだ。次の日の連絡ノートに母親からおしかりの言葉。「息抜きをさせるために、学校に送っているわけではありません。勉強が遅れているので、補充をさせてください」

一年生の川中。小学校五年生までは通常学級に所属。動作がゆっくりで、また、迷いながらの行動であるため、失敗も多い。そういったことをすべてクラスのほかの子がお世話をしていたため、自分ひとりで何かをやり遂げるという経験は少ない。仲間の輪の中にいても、自分から誰かを誘うということもなかったようである。

また、緊張が強く、緘黙の傾向もある。何か発言させると、緊張のあまり吃が出る。

一年生永井。明るく、楽しいことが大好き。短期記憶が弱く、忘れ物やうっかりミスは毎日ある。地図帳が学校で必要なので、用意すると、かばんに入れる前にどこかに置き忘れてしまう。机の上も中も乱雑で、授業中、本やノート、筆箱は必ず落とす。プリントの整理も苦手で、目的ごとにファイルを用意しても、プリントを仕分けることができず、ごちゃごちゃのままファイルする。しかも、ファイリングの穴の開け方がばらばらなので、ファイルからプリントがはみ出し、ぼろぼろになっている。

こういう生徒たちにとって、居心地のよい学級・学ぶべき内容、とは、どんなものであろうか。単に「笑いがある学級」では物足りない。「安心して自分を出せる学級」「自分を肯定してくれる学び」が必要ではないか、と考えた。

4　自分の世界を作ろう

学校でのゲームがばれて、お母さんにしかられた山形。しばらくは、ゲームの時間もプリント学習をしていた。しかし、英語の授業で、徐々に英語ゲームに参加させることで仲間と笑いあったり、ゲームでのやり取りが楽しめたりするようになった。また、給食の席を明るく楽しい永井の隣にして、食後の時間を楽しめるようにした。すると、永井や近くの村田と楽しくおしゃべりができるようになってきた。昼休みにも永井や市村と追いかけっこをしたりする姿が見られるようになった。私が「〇〇君は……だからねえ」と楽しそうに話すと、「ねえ、僕は？　僕は？」と聞いてくるようにもなった。

さて、夏休みの後、毎日の体育祭の練習で緊張し続けているので、ゲームがしたいという子どもの要求があった。このときは、山形には「君はどうしたい？」と聞くことにした。山形も仲間の輪に入れるようになったので、仲間と過ごす楽しさを味わってもらいたかったのである。すると「ぼくもゲームがしたい」という返事。そこで、「でも、お母さんはきっと反対すると思うけど、いいの？」と聞くと、今回は「そうか……でも、やりたい」という返事。そこで、「じゃあ、このことはお母さんに秘密にしておくことができますか？」と聞くと「できる！」という力強い返事が返ってきた。そこで、みんなでのゲームに参加してもらうことになった。本人もとても満足そうであった。

一一月に連合スポーツ大会があった。一日中、市の総合体育館で競技をしたり、観戦したりして過ごす日である。普段は一日の半分は教室にいない山形も、今日は丸一日仲間と過ごすことができる。自分が競技に出ない時間は特に約束を決めることもなく、自由に過ごさせることにした。一日ゆったりと仲間と過ごしたり、出身小学校の先生や後輩たちと過ごしたりすることで、人間関係が発展することを期待していた。

山形は、普段仲良く遊ぶ永井や村田だけでなく、川中や市村たちの近くにくっついて過ごすことが多かった。午後になり、保護者との合同競技があるので、保護者がフロアに降りてきた。小学校までは保護者が来るとその背中にはりついたり、腕にしがみついたりしてなかなか離れようとしなかったそうである。しかし、今日は少し保護者にくっついていたかと思うと、すぐに離れてクラスの仲間にくっついていた。それだけでなく、私が「次の競技に出るよ」と声をかけると近くの川中に「さあ、行こう」と自分から声をかけて誘うことまでできたのである。

その後、山形の教室での姿が人間関係に積極的になってきた。給食を食べた後、向かいの席の川中に声をかけ、互いに手でメガネを作ってのぞきあって遊ぶ。昼休みにほかの子が廊下で遊んでいると、「あれ？みんなは？」といって探しに行く。私が授業中に「よくがんばったね」とある子の頭をなでると、「僕は？」と言って頭を差し出す。朝読書では、絵本しか見なかったのが、みんなが読んでいる「スラムダンク」を読むようになる。という具合である。

5　太郎こおろぎを読もう

ガキ大将で、威張っていた太郎。先生に隠れて、いり豆を食べたり、床に穴をあけたり、木の枝の刀で弱い子や女の子を追い回したりする太郎。そうかと思うと「お前をいじめるやつがいたらおれに言え」といったり、しのちゃんの消しゴムを取りに床下にもぐりこんだりする太郎。こんな太郎像が市村と重なって見えた。市村は、そして市村と良い関係を作りつつある仲間はこの太郎像をどう受け取るだろうか。そして、落ち着きなく騒いだり、急に不機嫌になってイラついたりする市村をもてあまし気味になっていた私は、市村に対する見方をどう変えられるだろうか。これが、この物語を取り上げた第一の理由である。

「(お前をいじめるやつは) おれが泣かしてやる」「弱虫。泣くな」と乱暴な言葉遣いの太郎。しかし、その気持ちは決して乱暴だけではない。言葉尻や言い方のきつさだけで相手を「こわい人」と判断してしまう三島や山形、川中。彼らが太郎の表に出てきにくいやさしさを感じられるようになったら、人間関係作りも広がるかもしれない。また、行動の裏に潜む気持ちを考えることが苦手で、「わからない」という永井。彼にとっても、太郎の行動の裏の気持ちを考えることは良い学習になるに違いない。こう考えたのが、この物語を取り上げた第二の理由である。

この物語を学習するに際して、「文図」という手法を取り入れることにした。以前から、学級のメンバーが起こしたり巻き込まれたりしたトラブルを考える際には、「棒人間＋吹き出し」という手法を使用していた。今回はそれを応用して生徒たち自身に物語の状況を表現させようと考えた。こうすることで、場面を主体的に理解することになり、太郎の気持ちを考えやすくなると期待した。

また、第二の手法として、「つもり」という概念を取り入れることにした。これも、以前からトラブルが起こった時に、「当事者の行動」と「その行動から周りの人が受ける気持ち」そして「本人のつもり」を考えるようにしてきたものである。今回太郎の気持ちに迫るために、この「つもり」という概念を使うことで言動に表れにくい太郎の裏の気持ちに迫れると考えた。

最後に、太郎の気持ちを考えたうえで、あえて「この場面の太郎は困った人ですか、それともやさしい人ですか」と発問することにした。二者択一を迫ることで、太郎の言動を評価しなおしたり、二者択一に縛られない考え方をさせたかったからである。

第一場面

都会から引っ越しをしてきた私が、太郎の様子を記述する場面である。「この場面の太郎はどんな人でしょう」という課題で文図を書かせたところ、全員、太郎がいり豆をこっそり食べているところ、休み時間に刀を振り回して弱い子や女の子を追い回しているところを書いてきた。もちろん太郎の開けた穴についても漏らさずに書いてきた。三年本村は、太郎の席は教室の一番後ろの隅であると考えた。この考えは全員に納得された。山形は「こっそりいり豆を食べました」という叙述から「授業中に先生に隠れて豆を食べた」という読み取りをしてきた。また、川中は「こわくて誰も先生に言いつけませんでした」という叙述から「みんな震えていた。泣いていたかもしれない」と考えた。

そこで、「この場面の太郎は困った人ですか。やさしい人ですか」と聞くと当然のように「困った人」という答えであった。そこでさらに「お前をいじめるやつがいたら、こっそりおれに言え。そしたら俺がそいつを泣かしてやるからな」という太郎のセリフに注目させ、「このセリフを聞いて太郎はどんな人だと思いますか」と聞くと、やはり「こわい人」という答えであった。しかし、三島や本村から「私に親切にしてくれているのかも」という考えも出てきた。そこで改めて「太郎はどんなつもりでこう言ったのでしょう」と聞いて考えてもらった。永井・山形は「泣かしてやる」という言葉から、喧嘩をしたかったのではないか、と考えた。しかし、三島や本村は「お前をいじめるやつがいたら、おれに言え」というところから、「わたし」を守りたかったのではないか、と考えた。「誰かを泣かしたかったのか、『わたし』の味方になりたかったのか」という点でもう一度考えてもらったところ、永井も泣かしたいわけではなかったかもしれないと考えるようになった。山形はまだ「泣かしてやる」という言葉にこだわっていたが、ここでは「太郎のつもりと言葉にはズレがあるかもしれない」と話した。

また、この場面での太郎の行動を読み取る際に、意識的に市村のほうを見て「こんなふうに弱い子や女の子を追い回すなんて、誰かさんによく似ているね」と話すとみんなは私の視線の先の市村に気がついてうんうんとうなずいたが、当の市村は不機嫌そうであった。

第二場面

太郎がしのちゃんの消しゴムを借りて消しているうちに、消しゴムが床下に転がってしまう場面である。

「この場面の太郎はどんな人でしょう」という課題で文図を書かせたところ、全員が太郎が消しゴムを借りて落とした場面を描いてきた。

そこで、「なかなかいいもの持ってきたな。よしよし使ってやるぞ」「弱虫、なくな。俺が今取ってきてやる」というセリフについて太郎の「つもり」を考えてもらった。

前者のセリフについては、「太郎は『貸して』と言いたかった」という考えに、後者は「しまった、なんとかしなくっちゃ！」という考えにおおむね落ち着いた。このとき、少しずつ言い方や角度の違う考えがたくさん出たので、「なるほど、いろいろ考えられたのがいいね。一つの太郎の行動にも、いろいろな思いがあるんだね」と評価した。

「この場面の太郎は困った人ですか。やさしい人ですか」と聞くと、「乱暴な言い方をした（こういう言い方しかできない）太郎は、困った人。でも、しのちゃんに責任を感じてすぐに取りに行った太郎は、やさしい人」という考えになった。特に、市村はしのちゃんの消しゴムをなくしたのは自分の責任だから、ということを繰り返し発言した。また、「乱暴な太郎に消しゴムを貸してあげたしのちゃんは、太郎がこわくて断れなかったのかなあ」というと、市村は「しのちゃんは、太郎は乱暴だけど、でもそういうことも全部わかっていたんだ」と答えた。

第三場面

太郎が床下にもぐりこみ、しのちゃんが太郎をかばってこおろぎの鳴きまねをする。そんなしのちゃんをさらに太郎がかばって、こおろぎの鳴きまねをする場面。

床下の太郎の文図を描いてもらい、本文と合っているか検討した後、太郎としのちゃんは互いに相手の様子は見えていないことを確認した。ここでは、永井・山形が「見えていた」と主張したが、仲間の発言で自分が間違っていたことを納得した。

その上で、こおろぎの鳴きまねをしたしのちゃんの「つもり」を考えてもらった。「秘密の穴のことを先生に知られたくない」という考えと「太郎が心配」という二種類の考えが出てきた。

さらに、しのちゃんの後を受けて鳴きまねをした太郎の「つもり」を考えてもらった。永井は、「しのちゃんが、太郎を守ろうとしてくれたから、こたえたかった」と書いた後、「もう一つある」といって、「秘密の穴を見つからないようにしたかった」と書いた。短期記憶が弱く、複雑なことを考えることが苦手な永井。受け答えも的が外れることが多く、二者択一の質問にも、新しいほうの選択肢を選ぶことが多かった。そんな彼が二つの角度の違う考えを出せるようになったことに驚き、感動した。

また、この授業のまとめで、市村は「太郎がガキ大将で威張っていたから、いまさら素直にはなれない。でも、そういう太郎のことをしのちゃんはわかってくれていた。だから、太郎はしのちゃんのために鳴きまねをしたんだ」と書いてきた。私にはこれは市村が自分のことを書いてきたように思った。

後日、市村が永井の額にとまった虫をたたいた時に目に手が当たり、永井が痛がるという事件が起きた。次の日、永井が眼科に行き遅刻してきた。永井が登校できたとき、市村は本当にうれしそうに、また、ホッとした様子で「よかった」とつぶやくことができた。またその日、永井がどうも目の具合が気になって保健室で休んでいた時、市村は授業にまったく集中できないようであった。「どうしたの？　何か心配なことでもあるの？」と聞くと「永井君が……」とぽつりと言った。今まで、自分のしたことに素直に向き合えず、「相手も喜んでいた」とうそぶいたり、ふてくされて話もしなかった市村が、こんな素直な反応をしたのは初めてであった。

6　言葉を通して、人間の思いを考える学び

この生徒たちにとって、単に「笑いがある学級」では物足りない。「安心して自分を出せる学級」「自分を肯定してくれる学び」が必要ではないか、と書いた。

「安心して自分を出せる」「自分を肯定してくれる」ということは、「自分の弱さも出せる、肯定してくれる」という意味で考えていた。永井や川中にとっては、弱い自分も「みんな変わらないよ」「君だけじゃないよ」と受け入れてもらえるという意味があったと思う。しかし、市村の「太郎がガキ大将で威張っていたから、いまさら素直にはなれない。でも、そういう太郎のことをしのちゃんはわかってくれていた。だから、太郎はしのちゃんのために鳴きまねをしたんだ」という考えに触れたとき、山形や市村にとっては「弱さをさらけ出すことができない自分も受け入れてもらい、肯定してもらう」という意味ではなかったかということに思い当たった。

国語の授業は「言葉の学習」であると思っていたが、「言葉を通して、人間の思いを考える学びである」ということに市村の姿を通して学ばされたように思う。

実践コメント1

子どもの自立を支える集団づくりの可能性

特別支援学級の実践を読みひらく

大和久　勝

特別支援学級は、地域によっても多様です。編成の仕方、他の学級との関係についても多様です。ですから、特別支援学級の指導はこうでなければいけないという定式はないのだと思います。特別支援学級の実践は、個別指導が強いと一般的には考えられています。個別指導の重要さは言うまでもないことですが、子どもの自立を助ける集団の教育力に注目していくかどうかは、今日、重要なことです。

紗倉さんの「二人でもりっぱな集団だ」という記述がありますが、その通りで、教師という大人も入れれば、たとえ一人でも、集団を通した学びと成長が発見できるというのが、私たちの立場です。人は一人で生きていません。他者との関わりで生きています。互いに影響を受け合いながら生きているのです。自己認識と他者認識というキーワードになる言葉がありますが、こうした認識は、集団を介して育つものです。

安田さんの実践では、特別支援学級の子どもたち六人という異年齢集団の生活と学習を通して、子ども相互の関係性と自立を育てています。特別支援学級の中で本格的な集団づくりが行われていると言っていいと思います。生活と学習の共同の中で、子どもたちが育っている姿が印象的です。

荻野さんの実践でも、少人数ですが、特別支援学級内の生活、遊び、学習を通して、子どもたちが成長している姿が、描き出されています。

紗倉さん、安田さん、荻野さんに共通しているのが子どもを的確にとらえる観察力です。ささやかな子どもの動きから子どもの変容を発見する力が支援学級の担任に期待されているのだと思います。そうした力についても記録の中から学ぶことができます。

紗倉さん、荻野さんの実践では、交流級として存在している通常学級の子どもたちや教員へのアプローチが鮮明に意識されています。

紗倉さんは、交流級の担任とのていねいな対話を通して、交流級の集団づくりに、積極的に関与していっています。教職員との共同、子どもとの共同が組み立てられています。荻野さんは、担当する子どもの交流級への参加を助けていく中で、交流級の子どもたちと教員の認識や対応を変えていくことに成功しています。三人の実践は共通して、記録の中に、集団の教育力の探求によって、子どもの自立につながるということが記されています。

荻野実践を読む　支援学級と交流学級の中で育てた自信と成長

(1)支援学級内の集団活動の組織

荻野実践の前半で注目したのは、担当する情緒級の将太への指導の展開です。

荻野さんの学校の特別支援学級は三クラスあり、知的障害級に尚樹たち四人、肢体不自由級は全介助の裕也。情緒障害級は将太一人。そこへ、ベトナム語しか話せないというアキコの転入。三クラスは、行事、実習、休み時間などで、交流が行われていました。

荻野さんの初めに立てた指導方針は次のようでした。
①今まで以上に他の特別支援学級の実態を把握する。
②子どもたち同士の関わりを見る。ということでした。
やがて、特別支援学級にいる子どもについてわかってきたことで、荻野さんは、一歩進んだ新しい方針を立てました。
①将太に、裕也やアキコへの関わり方を見せる。
②裕也やアキコと一緒にいる時間を増やし、遊ぶ機会をつくる。ということです。
そこでは、将太と裕也の関わり、将太とアキコの関わりが報告されていますが、興味深い内容です。

荻野さんは、将太に見せるように、裕也との会話を繰り返しました。すると、裕也の横に将太が添い寝をするようになりました。裕也の鼻を触ったり、頭を触ったり。やがて、互いに手を触ったりして、二人で押し合いや引っ張り合いを始めたのです。裕也は「将太とバトルした」とうれしそうでした。荻野さんが裕也とアニメの話をしているときに、将太は裕也の近くで本を読んでいましたが、耳を澄ませて聞いているようだったといいます。一週間後、将太は裕也のアニメの世界に入っていきました。アニメのキャラクターの「アミちゃん」の話題で、将太が裕也に対して会話をしようとしたのです。共通した話題をもつことで、コミュニケーションを取ろうとしているのです。将太が裕也とつながろうと努力している様子が見られました。

また、知的障害級の子たちが好む校庭での虫取りやブランコ遊びなどに、将太や裕也、アキコも参加させ、みんなと一緒の空間を感じさせようとしました。教室では、将太は、風船バレーボール、玉入れなどを裕也、アキコも入れて楽しみました。こうして、将太と裕也はつながりを深め、アキコも教室にいる時間が長くなってきました。将太にとっても、裕也、アキコにとっても、安心していられる空間が作られてきたということです。

子どもたちが、さらにつながっていくのはこれからですが、十分、今後に期待がもてる展開になっています。このようなていねいな指導が展開されていくことで子ども相互の関係性は育ち、交わりを通して自己理解と他者理解が深まることで、それぞれの自立につながっていくのではないでしょうか。今後の展開に、十分期待が感じられました。

⑵交流級の子どもたちと将太の関わり

さて、実践の後半で注目したのは、交流級の子どもたちと将太の関わりです。

運動会の練習があり、交流学級で過ごす時間が増えてきたために、問題が顕在化してきたときの指導が出発点となっています。「並ぶ場所がわからずイライラしている将太に対して、交流級の子どもたちは、無関心なことが多い」という事実からスタートしました。

この時に荻野さんがしたことは、子どもたちへのアドバイスでした。

具体的な援助、声のかけ方などをていねいに伝えていきました。将太にとって、周囲の子どもたちの理解と支援が重要なことは言うまでもないことです。そうした関わりを育てるのは、本来、通常学級の教師の側に責任がありますが、それが思うようにいかない場合、荻野さんがしているように、子どもたちの意識や対応を変えていくことになります。

いま、どこの学校でも、特別支援教育についての学習会が行われ、発達障害などについての理解や指導についての努力が見られますが、必ずしも納得できるような展開になっていません。発達障害傾向をどの子にも当てはめ、問題行動を見つけると、盛んにレッテル貼りをしてしまい、指導が思うようにいかない理由にしてしまうことがあります。また、はじめが肝心と、「強い指導」「管理的な指導」が横行する傾向もあります。保護者を追い詰めてしまう例もあります。そんな状況を、特別支援学級の先生方の多くは、憂慮し、何とかしたいと教職員の意識の変革に迫ろうとしているのです。

荻野さんは、将太に対する理解を子どもたちに求め、教職員にも求めていっています。現実に沿いながら、急がず、慌てずに、仕組んでいる点がいいと思います。

①さまざまな先生へ将太から関わりをもつようにする。

②活動や遊びを通して、将太に対する関わり方を理解する子どもたちを増やすようにする。

という二つの方針を立てました。

「将太から」積極的に関わりをもつことで、やがて、交流級の子どもたちの様子や交流級の先生に変化が見られるようになりました。将太が自分から関わりをつくることによって、見られた周囲の変化です。

将太が自然とできたわけではありません。一つひとつの行動をつくり出し援助したのは荻野さんであり、それを実行したのは将太です。自分が動くことで、周囲の他者が変わっていくことを経験した将太は、自信を深めたようです。人の姿を変えるのは自分を変えたからだという思いは胸に落ちたのだろうと思いました。

こうしたことは、特別支援学級の中だけにいたのでは獲得できないものです。外に向かって開かれた実践が、将太の社会性を育てること、自立を育てることに結びついていくだろうという予感を十分、感じさせてくれました。

⑶将太に大きな自信

二月末のなわとび大会は、この実践記録の山場になっています。よくある長なわとび。日本中の学校で、運動会や競技会といった行事に使われています。一つ間違えると、危ない実践となるのです。何を「めあて」(目的・目標)として実践するのか、指導や評価をどのようにするのか、が問われているのだと思います。簡単に勝ち負けを競い合ってしまうことになってはいけないということです。

苦手な子どもたちは、きびしく指導されるので、参加を嫌がります。交流級の子どもや先生は、足手まといになる子を歓迎しない様子も見せるのです。将太は、昨年、いい思いをしないで終わっていましたから、どうしたものか慎重に検討しました。荻野さんは、「将太も他の子と一緒に跳べるようにしたい」という願いをもとに考え、二つの方針を立てました。「①なわを二回見て入れるようにする」と「②みんなと順番に並んで長なわをする」です。①は技術的な指導です。②は行動目標です。特別扱いにされることより、みんなと同じように扱われることを求めています。

これは、これまでの将太の成長ぶりを見てきた荻野さんの判断によるものでした。二つとも難しい課題で、その道のりは、容易ではなかったのですが、努力の甲斐は、十分に見られました。将太の成長を保障するための課題・目標の設定が的中していきました。まず、①の技術的な指導を怠らなかったことが大きかったと思います。他の子と一緒に交じって跳べるためには、それなりの技術をもたなければ無理です。技術の獲得は、挑戦する勇気を支えるものとなりました。

この実践は一二月から大会の二月まで続きました。大会当日に向けての実践の道筋はいくつもあったはずです。子どもの様子によって、いくつもの対応を考えていたように思います。結果を求めるより、たどり着く過程を重視していたに違いありません。

結果は、将太に大きな自信をもたせることになりました。「みんなと一緒に跳べた」という喜びが、親にも伝わっています。「泣けるほど感動しました」という言葉。親の称賛が、子どもの自信をより深めました。親にも「認められる」ことは、自立への確かな力になるのです。

同じことは交流級の子どもたちの間でも見られました。「将太すごい」「将太がみんなと跳んでいる」という声。子どもたちの見る目が変わっていったことがわかります。こうしたことを通して、子どもたちは出会いなおしていくのだと思いました。今まで思っていた将太とは違う将太に出会うことができています。

このなわとび大会では、長縄で中学年一位となったといいますが、たとえビリであったとしても、どのように評価するかがカギです。取り組みの過程で発見できたことをどのように評価するのかということです。勝敗至上主義に陥っては、マイナスの実践しか生まれません。行事は、評価が大事です。「何を学ぶことができたのか」「どんな力を獲得したのか」といった評価が、子どもの成長を励まし、自立を育てるのです。

この実践によって、将太は明らかに変容しています。その後の記述にあるように、将太の成長と自立への歩みが見られます。周りの将太への理解の深まりと相互の関係の発展が、その背景にあるのです。それをつくり出したのが、荻野さんの指導ということになります。子どもの可能性を信じて、挑戦のプログラムを組み、挑戦を援助で支えた指導性ということになるのではないでしょうか。

紗倉実践を読む　三つの共同で、岳の自立と希望を育てた集団づくり

(1)交流学級の担任との共同を軸にして

岳は、五年生。ようこも五年生。紗倉さんが異動した春から受け持った特別支援（知的障害）級の子ど

も。岳は、学習面での課題が多く授業についていくことが困難、発達検査ではボーダーラインということで、三年生から特別支援級に在籍。ようこは、知的発達に大きな課題をもっています。

交流級があります。学校の特別支援教育の方針は、「生活の基盤は交流級におき、一人ひとりの課題に応じて、特別支援級の教室で、個別に学習や活動を行う」とされていました。そういうわけで、紗倉さんは、岳とようこの個別指導以外の時間は、五年生や三年生のクラス支援に入っていました。

こうした関係が、交流学級を育てていくことにつながっているように思います。五年生担任のT先生との連携は一朝一夕のものではないように思いますが、紗倉さんの学校の方針があったことも大きいと思います。その方針のもとに、紗倉さんが、T先生と情報を共有し、指導課題を共有し、学級づくりの指導方針を築いていったことがよくわかるからです。紗倉さんに学校づくりの観点があったからできたことでもあります。

この実践の成功は、それに尽きるのではないでしょうか。T先生は、紗倉さんとの話し合いを続けるうちに、自分の指導の中身を変化させていきました。学級集団が、発展していく節目、節目に、紗倉さんとの協力の進化が見えていて興味深いのです。

「クラスでは、助け合うというより、若い男性の担任T先生の出す課題や指示においていかれないように、懸命についていこうとする子どもたちの雰囲気に胸が痛んだ」とあるほど、初期の指導は、疑問が多かったに違いありません。その後、若いT先生は、紗倉さんに教えられ、子どもらに教えられ、子どもの気持ちに寄り添える教師に育っていっています。このことは、この実践の中で一番大きな力になっていると思うのです。

保護者との対話も有効だったと思います。宿題の取り組みのところで、保護者との連携の様子が見られますが、がんばっていることを伝え、ともに岳の成長を喜び合っています。保護者も自信をなくしていることが多いから、そんなことでもうれしく受け止めることができます。また、そういう関係の中で、保護者への注文や要求も通っていくことになります。

ペンキで「〇〇バカ」と書いてしまった夏休み後の事件で、「岳が寂しい思いをしていることのＳＯＳかもしれない」という紗倉さんの話を受け止め、おばあちゃんに来てもらうなどの親の努力を導き出しています。

そして何よりも、岳やようことの対話、学び合い、さらに、交流級の子どもたちとの対話、学び合いなども大きかったと思います。

コメントの表題にある「三つの共同」とは、教職員との共同、保護者との共同、子どもとの共同の三つを指しています。

岳はどのような子どもだったのでしょうか。集団の中では口数も少なく、表情も乏しい。「しらない」「わすれた」「わかんない」という短い言葉。自己肯定感の低さを感じます。四年生であったといういじめは、五年生になっても、続いています。母親は「いじめる子がいるけど、仕方がない」と半ば、そういう状況をあきらめていました。そんな中で、周りの子どもたちの変化も必要でしたが、岳本人の変化も求められていたのだと思います。

「ぼくは積極的になりたいです」という三月の意見表明は、岳自身の変化の象徴となっています。周りの子どもたちが、つくり出したものであると同時に、岳自身の内側からの自立の叫び・要求であったと思えます。

五年生当初の岳の様子を交流級で見てみると、岳の姿と、岳の周りの子どもたちの姿が、浮き彫りになっています。

五月、岳が体操服を忘れた日のこと。朝の会で話し合いが。「忘れた人は体育をやらない」という決定。立ち尽くしたままの岳。

その後のキャンプでの岳の様子。海岸で波と戯れる岳は、よく動くが誰かに話しかけることはほとんどなかったと書かれています。

宿題のことでは、宿題をやってこなくてよくしかられていたと言います。しかも、前担任には「虚言癖がある」とまで言われて。大人の理解のない言動が、周囲の子どもたちの岳への理解の仕方、対応の仕方に影響するのは当たり前のことです。そうやって周囲の子どもたちの〈岳観〉が今までに育ってきたのだと思えました。居場所も出番もないところで自己肯定感が育つわけはない、ということを嫌と言うほど感じさせてくれました。

⑵交流級の子どもたちとの共同

岳は、特別支援級のひまわりに行くことが大好きでした。国語の時間はようこもいて、二人の学習は、おしゃべりタイムから始まって、楽しい時間になりました。「二人でもりっぱな集団だなあ」と紗倉さんが言う通り、そこには、二人の居場所がありました。「この表情が交流級でも見られるといい」という紗倉さんの願いが込められ、やがて、岳の居場所と出番を交流級にもつくっていくことになったのです。

さて、この実践で大きな転換点となっていることがいくつかあります。

一つは、「特フェス実行委員会」の指導です。

実行委員の一人となっているケイコが中心となって、岳のいじめ（ここでは菌回し）をしたことが出発点となりました。いじめの話し合いがきっかけとなって、「障害がある人々の理解に関わる人権学習」に取り組んだのでした。

ケイコたちを意識しながらの学習の中では、「障害を理解すると同時に、障害者はサポーターの力を借りて夢を実現させたり、生活を楽しくしていることに焦点を当て、サポートすることは自分にとってもうれしい気持ちにつながることに気づかせたい」というねらいをもちました。

ケイコたちの担任のT先生は、毎時間一緒に参加し、授業をフォローしてくれたといいます。紗倉さんと同じような気持ちに立ってのフォローに感じられ、T先生との協力関係が育っていることがわかる場面です。

実践の転換点の二つ目は、学習発表会の指導です。

五年生は「違いを認め合う」をテーマに劇に取り組みました。T先生が、クラスの子どもたちを思い浮かべながらオリジナルの台本を作ったといいます。音楽の先生の協力もあって、歌もダンスもあるミュージカルとなったというのです。スケールの大きな取り組みを展開しました。

「初めはけんかが多かったが、冒険する中で互いの個性がわかり、その個性を活かして困難を乗り越えていく」というストーリーですが、紗倉先生とT先生の思いがつながり始めていることがよくわかります。

この取り組みを進めているとき、岳が「もういやだー」と大声で叫び、幼なじみのソウタにとびかかっていったという事件が起きました。紗倉さんは、岳が大声で自分のつらい感情を出したところを初めて見たというのですが、吐き出した岳のつらい感情を、紗倉さん同様、子どもたちも受け止めたのではないでしょうか。発表本番に欠席した岳へのクラスメートの温かい眼差しに紗倉さんは気づきました。特に、ケイコの作文は、紗倉さんの心を打ちました。

その後の一一月の寸劇のグループ練習でも同じような場面があり、その時は子どもたちとの直接の対話の絶好の機会と、紗倉さんは考えました。

「岳はどんなことが苦手なのかな」という問いかけからはじめて、岳の気持ちに寄り添うことの大事さをクラスの子どもたちに語ったのです。

その翌日のリハーサルで、岳はうまくセリフが言えませんでした。とっさに発した「まきもどし」という声に、リーダー的存在のシン、ソウタが反応しました。はじめからやり直し、二回目は間違えずにできてスムーズに進んだといいます。学級の子どもたちの成長ぶりを見せてくれた場面です。紗倉さんの子どもたちへの真摯な語りかけが、功を奏したという場面でもありました。

(3)岳の成長とクラスの成長

その後、岳は、徐々に変化を見せていきました。

「岳は積極的になった」とハジメが言い、紗倉さんは「みんなが温かいクラスにしているからだよ」と言葉を返します。「ケイコはかわったよ、いじわるをしなくなった」と岳が言いました。タケルは、岳をさりげなくサポートします。

周囲の子どもたちの変容が、やがて、岳の変容を作っていったということを物語っています。

三学期の遊びの取り組みは、実践の集大成となりました。岳が男子の仲間に入ってサッカーをしていたり、教室でもマンカラに夢中になったりしていきます。岳とともに、T先生も、ずいぶん変わりました。岳の成長とクラスの成長をあわせて考えていけるようになったのです。「クラスが成長するから岳が成長する」「岳が成長することによって学級が成長していく」ということを知ったのだと思います。

岳は、三月の進級を控えての一言発言で、「ぼくは積極的になりたいです」と話したといいます。「もっと」という意味だと理解しますが、岳の成長ぶりと変容した姿が見えてきます。

母親は「岳、すごいですね。親がついていくのにやっとです」と喜びを表現しています。子どもの、可能性は、無限に広がっていっています。将来への希望も大きく膨らんで見えてきました。

安田実践を読む 「自分を肯定してくれる学び」からつくり出した自己理解・相互理解と子どもの変容

(1)「笑いがある学級」から

安田さんの勤めるS中学校は、市内では大規模校。その中にある特別支援学級の一組（知的障害）を担任しています。クラスの生徒は六名。一年生三名（男子）、二年生一名（女子）、三年生二名（男女）という構成です。

一年生の永井、山形、川中と三年生の市村の四人に注目して実践が展開されています。前半は、新入生である永井たち三人のそれぞれの特性の理解、それぞれの課題に合った形での支援・指導について書かれています。

「笑いがある学級」を目指して、三人の新入生をつなげようと奮闘している安田さんの姿がよく見えてきています。永井は、三人の中で一番ノリがよく、明るく楽しいことが好きなので、すぐに笑いの中心になりました。安田さんとのドリフダンスは、他の子たちにウケています。勉強ばかりしている山形も、笑いの世界に近づいてきます。「さあ、カエルの準備だ。ゲコ」などというダジャレは、勉強ばかりしている山形らしい感じがします。山形の母親に「中学に入って、キャラが変わったようです」と言わせています。もう一人は、場面緘黙傾向の川中。笑いの中心になることはありませんでしたが、永井や山形と安田さんとのおかしな行動を見ては、肩を震わせて笑うという姿があったというのですから、安田さんが主導する「お笑い」の効果は十分出ています。永井と小声でこそこそと楽しそうにおしゃべりしている姿を頻繁に見せるようになったというのですから。

こうやって、子どもたちの関係が作られていくのだなあと感心しました。「笑い」で子どもの心を解放させていこう、その中から子ども同士をつなげていこうという、安田さんのねらいが成功していると感じました。

(2) 「安心して自分を出せる学級」へ

夏休みが終わり、体育祭のシーズン。場面緘黙傾向の川中が、体の変調を訴えてきました。登校しぶりも見せました。体育祭の大縄競技がプレッシャーをかけているということがわかったのです。自分では、「一生懸命に跳んでいるのに」。川中の気持ちを学級のみんなで聞くことにしました。同じような思いを他の人たちからも聞いて、川中の表情は変化していきました。「みんなに聞いてもらえて、うれしかった」ということでした。

大縄競技が、子どもを苦しめている事例は山ほど聞いています。とりわけ、発達障害の傾向にある子どもたちを苦しめています。「目的」や「評価」に問題点があることは多くの人にわかっているのですが、なかなか改善されません。「大縄」が問題なのではなく、それを競技として単純に採用していることに問題があります。せめて、努力に対しての評価を優先させることはできないのでしょうか。

その後も、川中の「困っていること」について話し合う時間をもちました。その中で、川中は、自分の困っていることを包み隠さず話しています。聞いたほかの生徒も、「私もそうだよ」「こんなことがあったよ」と話が広がっていったといいます。互いに共感し、思いを共有していったということであったのでしょう。

次に報告されているのは、三年生の市村のことです。一人ぼっちに耐えられず、休日は友だちの家に入り浸っていました。粗暴な行動、危ないことも繰り返しました。強い言葉でしかると、ふてくされます。簡単に謝れないのです。他人を巻き込む騒動や事件を起こしてしまいます。付け火や万引きも経験しました。そんな市村を理解しようという思いが安田さんの書き方の中に見えています。

〈「こういう生徒たち」にとって、居心地のよい学級・学ぶべき内容とはどのようなものであるのだろうか。単に「笑いがある学級」では物足りない。「安心して自分を出せる学級」「自分を肯定してくれる学び」が必要ではないだろうか〉

と、安田さんは考えました。

後半の記録は、九月以降の実践が紹介されていきます。とりわけ、『太郎こおろぎ』を取り上げた国語の授業は、注目に値するものとなっています。

(3)「自分を肯定してくれる学び」を育てる

国語の読み物教材として『太郎こおろぎ』を取り上げたのは、二つの理由がありました。

一つは、ガキ大将で、威張っていた太郎。木の枝の刀で弱い子や女の子を追いかけまわす太郎。そんな「太郎像」が三年生の市村と重なりました。市村は、そして市村とよい関係をつくりつつある仲間は、この

「太郎像」をどう受け取るだろうか。そして、市村をもてあまし気味になっていた安田さんが、市村に対する見方をどう変えられるか、この物語を取り上げた第一の理由だと言っています。

二つ目の理由は、言葉尻や言い方のきつさだけで相手を「こわい人」だと判断してしまう三島や山形、川中。彼らが太郎の表に出てきにくいやさしさを感じられたら、人間関係づくりも広がるのではないだろうか。また、行動の裏に潜む気持ちを考えることが苦手な永井にとっても、太郎の行動の裏の気持ちを考えることはよい学習になるに違いないと考えたのが、教材に取り上げた第二の理由であるといいます。

この二つの理由をもとにしながら、読み取りの学習がていねいに展開されていきました。

この物語を学習するに際して、安田さんは次の三つの手法を取り入れています。第一は、「文図」という手法。学級の中で起きたトラブルを考える際に使っていた「棒人形＋吹き出し」を応用して生徒たち自身に物語の状況を表現させせようとしました。

第二は、「つもり」という概念を取り入れること。以前から使用してきたといいます。トラブルが起きた時に「当事者の行動」と「その行動から周りの人が受ける気持ち」そして「本人のつもり」を考えるようにしてきました。

第三は、発問で「二者択一」を迫ること。太郎の気持ちを考えたあとで、「この場面の太郎は困った人ですか、それともやさしい人ですか」と発問することに。二者択一を迫ることで、太郎の言動を評価しなおすことや、二者択一に縛られない考え方をさせたかったといいます。安田さんは、この三つの手法を駆使することによって、物語の読み取りを深めていったのです。授業は、見事に展開されていきます。

⑷学びによる自己理解・他者理解と子どもの変容

読み取りを三つの場面に分けました。

第一場面は、都会から引っ越しをしてきた私が、太郎の様子を記述する場面。太郎の行動を読み取る際に、意識的に市村の方を見て、「こんなふうに弱い子や女の子を追い回すなんて、誰かさんによく似ているね」と話すと、みんながうんうんとうなずきましたが、市村は不機嫌そうにしていました。この後への伏線となっていて面白いところです。

第二場面は、消しゴムが床下に転がってしまう場面。やはり、「この場面の太郎はどんな人でしょう」という課題から始まり、「この場面の太郎は困った人ですか。やさしい人ですか」と最後に聞きました。「困った人」「でも、やさしい人」という両方がみんなから出てきました。

「乱暴な太郎に消しゴムを貸してあげたしのちゃんは、太郎がこわくて断れなかったのかなあ」と安田さんが発問すると、市村は、「しのちゃんは、太郎は乱暴だけど、でもそういうことも全部わかっていたんだ」と答えました。市村は、太郎と自分を重ね始めているのでした。

第三場面は、こおろぎの鳴きまねをするという場面。物語のクライマックスです。鳴きまねをしたしのちゃんの「つもり」を考えたあと、しのちゃんのあとを受けて鳴きまねをした太郎の「つもり」を考えていき、主題に迫っていきました。物語の理解を通して、子どもたちの変容が見られる場面です。それぞれの子どもたちの自己認識と他者認識を育てていったことがよくわかりました。

一年生の永井は、「しのちゃんが、太郎を守ろうとしてくれたから、こたえたかった」と書いた後、「もう一つある」と言って、「秘密の穴を見つからないようにしたかった」と書きました。短期記憶が弱く複雑なことを考えることの苦手な永井が、二つの角度の違う考えを出せるようになったことに、安田さんは、驚き、感動しています。

三年生の市村は、「太郎がガキ大将で威張っていたから、いまさら素直にはなれない。でも、そういう太郎のことをしのちゃんはわかっていてくれた。だから、太郎はしのちゃんのために鳴きまねをしたんだ」と書いてきました。

安田さんは、市村が自分のことを書いてきたように思ったと感想を述べていますが、太郎の気持ちの読み取りと、しのちゃんの気持ちの読み取りから、自分を見つめなおすことができたのだと思います。しのちゃんの気持ちの理解から、自分の周りの子たちの気持ちにも触れることになったのではないでしょうか。市村の自己理解は、太郎の気持ちと重ね合わせたことにより、さらに深まっていきました。後日の永井とのエピソードがそれを物語っています。

今まで自分のしたことに素直に向き合えずにいた市村が、永井のことを心配していた姿に、安田さんは、市村の学びから得た変容を見つけたのです。

人の痛みを理解することができるようになった市村。人を心配する気持ちを素直に表現できた市村は、今までと違う市村になっていました。それは、市村を理解してくれる仲間の存在を、学びの中で市村自身が知ったからではないでしょうか。学びを通して、子どもたちは互いに出会い直すことができたのだと確信しています。

また、同様に、安田さんは、授業を通して、市村たち一人ひとりと出会いなおすことができたのではないでしょうか。子ども相互の中でつくられる学びとはそうしたものです。

第2章

〈特別支援学校〉自立を励まし、居場所をつくる集団づくり

特別支援学校教員　渡辺まみ

1 亜紀は友だちのなかで
知的障害支援学校

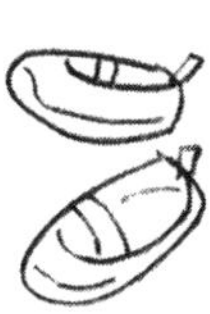

1 亜紀

一六年間、肢体不自由特別支援学校に勤務し、初めての知的障害特別支援学校へ異動した。中学一年生は一三名の生徒が在籍しており、私は、重度重複学級一組の三名の担任となった。普通学級二クラスには、ベテランの伊藤先生と田中先生、学年主任としてやはりベテランの鈴木先生がいた。

私のクラスの亜紀は何でも手でギュッと握ってしまう特徴をもっていた。歩行も不安定だということでバギーに乗っていた。上半身をよく動かして、入学式の間も私の髪を引っ張り、ブラウスもつかんだ。ブラウスのボタンがとんでしまうほどのものすごい勢いに圧倒されながら、とにかく手を押えて過ごした。式が終わると、亜紀のお母さんが、「つかんじゃダメでしょ」と亜紀をしかり、前の担任の先生に「緊張しているみたいで、よくつかんでいました」と伝えていた。その言葉に、「緊張しなければ、つかまないのか…」とも思った。

亜紀と過ごせば過ごすほど、その行動に圧倒された。表出言語はない。とにかくつかむ。そして引っ張る。髪の毛、服、顔…手を伸ばせば届くものは何でも強く握り込んでは引っ張った。そして、握り込むと力がどんどん入ってきて、自分では力は抜けず、手を放せない様子だ。握り込んでいる時の表情は、苦しそうな時もある。

そして、手にしたもので破けるものは何でも破く。プリントはもちろん、絵本でさえも、ビリビリと破いてしまうか放る。持っていてほしい自分の荷物、軽い物、小さい物も持ち続けられない。描画で筆やクレヨンはつかんでいられない。スプーンも持ち続けられない。だから、食事は介助を要した。道具が使えない。さらに、離席。長くいすに座っていられない。小学部から専用のいすが引き継がれていた。それは、ベルトの着いた小さいいすだった。排泄は自立しておらず、おむつをつけている。学年の生徒の中でも一番重い障害を有している実態があった。

小学部から一緒に入学した友だち一〇名は亜紀のことをよく知っていて、つかまれないようにうまくすり抜けていた。また、つかまれても、怒ったり抗議したりせず「仕方がないなあ」という感じだった。特別支援学級から入学した明美と優香は、亜紀によくつかまれていた。私は亜紀にくっついて、つかむ姿をみては、「つかんじゃダメ。つかまないでね」とつかむ行為を注意して過ごした。

一日に何十回この言葉を言うだろう…毎日毎日の果てしない繰り返しに思えて、私がイライラして、無言で亜紀の手を振り払ってしまったことがあった。その後、ものすごい後悔が押し寄せてきて、下校後、亜紀はどうしただろう、と心配になり、お母さんに電話をした。「あら、先生！　亜紀？　笑顔でスクールバスを降りてきましたよ。元気ですよ」と普段と変わらない様子を伝えてくれ、とてもホッとした。次の日の連絡帳の家庭からの欄に、「昨日はお電話ありがとうございました。『渡辺先生からの電話だったよ』と亜紀に伝えるととってもうれしそうに笑っていました」と書いてあった。その内容を読んで胸に迫るものがあった。

その後も落ち込むことがあっても、お母さんはそれがわかるかのように、「渡辺先生にほめられるのがとてもうれしいようです。明日も学校に行く?と聞くと元気に手を挙げています」など、連絡帳で励まされた。

しばらく様子をみていると、自分にとって恐い先生、きつく怒られた先生はつかまない姿もみられた。「恐い、厳しい人がわかって、行動を調整する」その姿に、実践のヒントを得た。厳しくしかることはしない私にはどんどんつかむ。しかし、「恐いから」という理由でなくても、やがて行動を調整することができるようになるのではないか、と希望をもった。

2 亜紀の課題 「定位」して「調整」できるように

目を離せない亜紀を私がほぼ一対一でつく体制を学年の担任間で整えてくれた。クラスのその他のフォローは学年主任の鈴木先生が引き受けてくれた。亜紀は移動時はバギーに乗っていたが、手をつなぎながら平地は歩けるし、階段も昇降できる。「バギーがなくても生活できるんじゃないの」と鈴木先生にアドバイスされ、私もそう思った。中学部では、バギーは使わず、自分でできるだけ歩いて生活することにした。歩行は不安定であるが、バランスはよく、慎重なところもあるので、本人のペースに合わせていれば、転倒はない。座り込んでも立たせるとまた歩き出す。歩くことは楽しいようである。小学部時代は、どこへでも行ってしまうので、安全確保のためにバギーに乗せていたということも聞いた。大丈夫！　歩けるようになる、と確信した。

毎日のランニング、亜紀は手つなぎで歩ける距離を伸ばし、やがて手をつながなくても一人で歩くことができるようになっていった。ランニングでは、ひもつきバトンを用意した。バトンを離したり、私をつかんだりはあったが、ひも付きバトンをもち、誘導されてみんなと一緒に歩くことが徐々にできるようになった。三学期には、誘導を達哉に頼んだ。はじめはつかまれたり、亜紀がすぐに座ってしまったりしたが、そのたび、私が言葉かけをしたり、実際に関わってまた歩く体勢を整えたりすると、一五分程度の時間いっぱい、達哉と二人で歩けるようになった。

排泄は鈴木先生のアドバイスもあり、六月からパンツの取り組みをはじめた。お母さんにパンツを購入してほしい旨を頼むと「まさか、無理だと思いますが、わかりました」と言葉では後ろ向きであったが、うれしそうに了解してくれた。パンツを購入した日の連絡帳に「パンツがうれしくて、持っては、何度もみていました」と亜紀の様子が書いてあった。まずは、午前中だけおむつをはずしてみよう、ということになり、やってみた。一日に何回もおもらしとなり、用意された複数のパンツは、午前中だけで使い切ることが多かった。トイレでの排泄をしたことがない亜紀にとっては当たり前のことだ。何とか、トイレでの排泄を成功させてあげたかった。

まず、とにかく便器に落ち着いて座れない。「そういえば、尿検査の時には、おうちでオマルになんとか座らせてやってますってお母さんが言ってたっけ…」と思い出し、壁に向かって、便器にまたがらせてみた。私が上から押さえる形で座らせたが、全身の力を入れて抵抗してくる。力ずくで押さえ込むような形となってしまうが、言葉はやさしくていねいに「おしっこはトイレでしようね」「亜紀さんはお姉さんだね、おしっこはトイレでできるの」と声をかけながら一定時間座らせてみた。やがて、便器に座ることに抵抗がなくなってきて、初めておしっこが出た時は「亜紀さん、すごい！　すごい！」と喜んだ。亜紀もとてもうれしそうに手足を振って喜んでいた。一学期の終わりまでに、数回、排尿・排便がトイレでできた。「まさか、できるようになると思っていませんでした」とお母さんもとてもうれしそうだった。

亜紀のつけるべき力は「定位」して「調整」することではないか、と考え、生活のあらゆる場面で、定位することをテーマにやっていった。

脱いだものを放っていたので、必ず私に渡すよう促した。亜紀の渡す行為に「はい、どうぞ」と言葉をそえ、「どうもありがとう」と私が受けた。連絡帳をカゴに入れる、ロッカーに荷物を入れる、などの入れる活動を意識化しててていねいに取り組むとともに、自分の持ち物を持ってトイレまで行く、目的地まで持って行ききる、ことを何度も何度も側について取り組んだ。

放してしまった時は、私も一緒にかがんで亜紀に持たせ、また、歩いた。その中で「自分のことを自分でやろうとする意識」のようなものが芽生えてくるのを感じた。それを感じたときは、「亜紀さんはさすが中学生だね」「ありがとうね、亜紀さんのお陰で助かったよ」と伝えた。

自立活動では、言葉に合わせて、からだの力を入れたり、抜いたりすることを鈴木先生と取り組むとともに、私とは机上で、ボールをバケツに入れる等、ビー玉など転がりやすいものにそっとせまって取り、箱に入れる活動に取り組み、大きな動きから小さな動きまで、自分でからだの力をコントロールする練習を続けた。

一年生の終わりには、言葉かけで行動を調整することができるようになった。毎日行う慣れた活動では、直接指示されなくても、次にやることがわかって目的に向かって動き出す姿がみられるようになった。

だんだん変わっていく亜紀を友だちはあたたかく見守ってくれた。特に明美は、亜紀に積極的に関わり

「一緒に行こう」「一緒に座ろう」など、行動を共にしていた。対等につきあおうとしてくれる明美が亜紀も大好きになっていった。その分、明美への「つかみ」は多くなっていったが、そのつど、明美は亜紀が放すまで耐えてくれたり、あまりに痛いときは、「あっちへ行ってくれ」と離れることを要求したりした。

「本当は関わりたい気持ちを表しているだけなのに、亜紀はつらいだろうな」とよく思った。なので、気持ちを伝える代替手段として、つかんだ時には、「(つかむのではなく)トントンって叩こうね」ともう一度、亜紀の手をとってトントンと友だちや先生をやさしく叩くことを繰り返した。三学期くらいになると、いきなりつかまずに、トントンと叩く姿もみられるようになってきたが、やはり、気持ちが高ぶった時には、どうしてもものすごい勢いでつかんでしまうこともしばしばだった。

3 友だちとの活動で行動を調整する

進級した二年生の六月の運動会では、中学部全体演技で花笠音頭を踊った。亜紀は花笠を落とさず、みんなの列について歩き、時々膝でトントンと叩く演技を模倣していた。私を含めた学年担任や、お母さん、お父さんはとても驚いた。運動会の絵には学年のたくさんの子が、「これ、亜紀さん」「これ、亜紀さんと渡辺先生」「これ、大介くん」と一組の仲間たちを描きこんでいた。

重度重複学級一組は、普通学級の二・三組の友だちがよく遊びに来るたまり場になっていた。大介のからだづくりのために取り組んでいた散歩に、二・三組の友だちが自然と加わるようになった。帰りの会の前に「散歩チーム」ができた。常連として二組の優香、三組の明夫、聡司が「散歩行こう!」と一組に誘いに来る。そこに自然に、沙紀や康友、亮も加わっていった。私は「散歩チーム」のみんなにある約束をお願いした。それは「大介が行きたいところを決める」ということ。みんなは快く了解してくれた。

大介を先頭に、亜紀も含めてぞろぞろと、おしゃべりしながら、時に歌いながら校内を歩き回った。いつも時間に追われている子どもたちは、ただ、みんなで歩く、というこのゆったり感が心地いいようだった。だんだんこの活動が学校の中でも有名になってきて、「お、来たな、散歩チーム」などと声がかけられるようになった。亜紀も、この散歩チームでの活動が大好きになり、「大介の行きたいところに行く」という約束事を自然と守っていた。大介より先に歩いた時も、少し前で立ち止まり、振り返って待っている様子がみられた。大介が反対方向に行くと、亜紀もクルッと向きをかえて、みんなについてきていた。

4　学校生活の中での亜紀の変化

二学期、移動教室のための事前学習での教室移動時でのことだ。私がゆっくりと移動している颯太と教室に向かって廊下を歩いていると、前から亜紀が私めがけて駆けてきて、私の腕に抱きついた。「亜紀さん、私を迎えにきてくれたの？　ありがとう」と感激して伝えると、にっこりわらって、また教室へ一緒に歩き出した。亜紀とつながっていることを実感したうれしい一場面だった。

二学期より係となった、保健室への健康カード提出の活動も、とても意欲的に取り組んだ。初めのうちは、保健室にたどり着く前に、カードを放り、掲示物を破ってしまうこともあったが、「亜紀さんが今やることは何ですか？」と傍について、保健室のカゴにカードを入れきる仕事を必ずやりきらせることを続けていた。やがて、私がぴったりついていなくてもできるようになった。少し、離れてみていて、やりきった亜紀がとても誇らしそうに帰ってくる。「亜紀さん、ありがとうね」と伝えると、さらに誇らしげに教室まで足を踏みならして帰っていった。

作業学習でも、変化が現れた。畑の作業で、大好きな明美と協力して、大きなふねを持ち続けて運ぶことができた。

5 文化祭 自分の役割を一人でやりきる

一一月、文化祭は学年でダンスに取り組んだ。フィナーレは「風になりたい」の曲に合わせて、全員で踊る。亜紀は中央で、沙紀、英太と棒を持って、踊ることになった。「風になりたい」が始まる前に、亜紀は中央に置かれている棒を取る役割も担った。ここは舞台の中央に一人で進み出て棒を取る。教員も、友だちも誰もつかない。舞台中央の棒を一人で取ることは、亜紀にとっては大変なことである。しかし、今の亜紀はできる！と考えていた。練習後半、活動に慣れてくるといろいろなことが目に入るようになり、集中が途切れ、棒を取らずに座り込むことが数回あった。

本番前日、あと棒まで数歩のところで座り込んだ亜紀に、私は学年の通し練習の流れを止めて「もう一度やらせてください！」と頼んだ。

「亜紀さん、大変残念です。ちゃんと棒をとってください」と低く冷静に言葉をかけると、亜紀は神妙な顔になり、やり直しではできた。私が亜紀の後ろからついていけば失敗はないだろうが、彼女はきっと満足しないと思った。帰りにもう一度、練習した。彼女は棒を上手に取り、私はうんとほめた。

そして舞台発表当日の朝、「亜紀さんはこれまでの練習で十分できているから、先生、何もいうことはありません」とにっこりと伝え、本番を迎えた。スポットをあび、たくさんのお客さんがみている中、私は舞台袖で亜紀の背中を押し出した。「取ってくれ」と胸がドキドキするなかで、亜紀は堂々と舞台に歩み出て、置いてある中央の棒をちゃんと取りきった！「やった！」と同時に、学年の友だちが袖から一斉に舞台へ。沙紀と英太と一緒に棒を持って、踊りきる亜紀。学年全員による「風になりたい」のダンスはたくさんの拍手の中、華々しいフィナーレとなった。

これまでの亜紀を知る教員から、亜紀の舞台での活躍は絶賛された。

「今までの舞台はお人形さんのようだったのに、亜紀さんのがんばりがよく発揮されて素晴らしかったよ！」とほめられ、誇らしそうだった。

この頃から学年の友だちに、亜紀に髪などをつかまれて嫌だったら「やめて」って言ってほしい、と要求した。聡司は、亜紀に髪を引っ張られたら、髪を引っ張りかえす行動が出てきた。その時は、聡司に「嫌だよ、やめてねって言ってね」と言葉で伝えるようお願いした。亜紀は友だちに言われると最初は余裕がある顔をしていても、やがて神妙な顔で受け止めるようになってきた。

6　友だちの中で育つ

二月の社会見学は、しょうゆ工場を見学したが、風邪気味だった亜紀は、当日の朝、発熱してしまい参加することができなかった。明美や優香は「亜紀さんがいなくてさびしいね」「亜紀さんも一緒だったらよかったのに」と私に伝えてきてくれた。次の日、亜紀は回復し登校できた。「昨日は残念だったね」にちょっと顔をしかめたが、すぐに笑顔を取り戻して、足取りもしっかりと一人で下駄箱に進んでいった。朝の会で見学記念のお醤油のビンを見せ、「行けなくて残念だったけど、おうちで使ってね」と伝え、亜紀のリュックサックに入れた。次の日、お母さんからの連絡帳はこのような内容だった。

「昨日、『みんな、元気だった？　学校楽しかった？』にニコニコ顔でした。また、学校からの連絡帳を読んでから、『明美さんと一緒に新聞づくりがんばったんだね』というと、何度もうなずいてうれしそうでした。おみやげもありがとうございました。醤油の入れ物、ずっとさわっていました。やっぱり学校は亜紀の『生きがい』です」

学年代表として通知表を取りに行くとき、「これは大事なみんなの通知表です。亜紀さん、落とさず、もらってきてね」と事前に、通知表を見せながら、伝えた。すると、亜紀は、舞台壇上に自分で上がり、通知表の束を受け取り、壇上から降りてきて、通知表の束を自分の席まで運びきった。紙の束が亜紀にとって「大事なもの」であることがわかり、ちゃんと受け取りきれた姿はとてももうれしかった。

7 自立に向けての指導

三年生になってからは授業でもさまざまな変化を私たちに見せてくれた。

作業学習では「紙工」に取り組んだ。一年生の時に生活単元学習として取り組んだ時は、座っていることも、両手に紙を持ってちぎることも難しかった。さらに目を離すとちぎった紙を入れたトレーをひっくり返して、ついていた私はその片付けに追われていた。しかし三年生になって取り組んだ時には、紙を渡すと自分で紙を両手に持ち、座って、落ち着いてちぎることができるようになっていた。目の前にちぎった紙を入れたトレーをおいていてもひっくり返してしまうことはなくなっていた。

また、ホットサンドづくりに使う小さいフライパンを利用した亜紀さん用の折り機を開発すると何枚も何枚もねばり強く作業をすることができた。「亜紀さん、すごいねえ。こんなにやったよ」と折った紙やちぎった紙を見せると自信に満ちた笑顔をみせてくれた。

また、漉いた紙の点検のため、リーダーの教員にプレートを見せに行く時も、他の生徒に対応しているリーダーの教員の洋服の端を軽くひっぱりながら、待つこともできていた。「以前だったら、近くにあるものを触ったり、ひっくり返したりしていただろうに…」と亜紀の成長に感心してしまうことが多かった。

また、掃除が大好きになり、「亜紀さん、掃除するよ」と声をかけると拳をあげて応じ、いすや机を自分で運び出そうとするようになっていた。小さくて、そんなに力が強いわけではない亜紀。「教室から廊下に運び出して」と頼み、私が廊下で待っていた。集中が途切れたり、重くて手を離してしまった時に「ここまでだよ」と言葉かけをしたり、もう一度持たせると運びきることができるようになってきた。

雑巾がけも、一年生の時はできなかったのに、教室の端から端まで、バニーホッピングで進むことができるようになった。「きれいになるね」と廊下を通りかかる教員や「さすが、中学生はすごいね」と小学部の子を連れた教員に声をかけられると、とても誇らしそうだった。

国語・数学の授業では、『しろくまちゃんのほっとけーき』を題材にしながら、ホットケーキづくりのみたて、つもり活動をした。「卵を入れてくれる?」と亜紀さんに頼むと、少し離れたところにある卵の模型を取ってきて、大回りしながらも、ボールに入れることができることが多かった。違うものを持ってくる、座り込んでしまうこともあったが、その時も、「亜紀さん、卵だよ!　持ってきて。亜紀さんが卵を入れてくれないとホットケーキができないんだよ」とお願いすると、気持ちを切り替えて再度挑戦した。

みんなが入れた材料をかき混ぜて、ホットケーキができあがりで、フライパンの蓋を開けると、ホットケーキの模型をみて「うわあ」と今にも声を出すかのように喜んでいた。「亜紀さん、どうぞ!」と渡すとホットケーキの模型を口に持っていって、食べるまねをしたのには本当に驚いた。亜紀さんは「食べているつもり」の力がついているんだ！　とその力の伸びを感じることができた。

このような成長の姿と同時に亜紀は、支援しようとする人を押し、手を振り払うようになった。まるで、「触らないで！」と言っているような亜紀に、なぜ、そのような行動に出るのかよくわからなかった。ある学習会で亜紀のレポート分析の際、「渡辺先生をこんなに好きな亜紀だけど、亜紀が渡辺先生から離れていくことを視野に入れなくていいのか」という指摘があった。これは私の心に重く響いた。私の要求に応えているだけでは、亜紀の「自立」はできない。そこまできたなら、今度は私を否定する、拒否する亜紀自身を育てる視点をもたなければならない、という指摘であった。そういった視点から今の亜紀の様子を振り返ると思い当たる節があった。

支援しようとする人を押す、スクールバス乗車時に拒否する、泣く、立ち止まる、座り込むなどの行動が多くなった。それは家でも同じでよく連絡帳に書かれている。これを私は「問題」行動的にみて、できるだけ、スムーズに動けるような関わりをしていたことを反省した。と同時に、私の亜紀との立ち位置が、一年生の時に比べたら離れていることに気づいた。亜紀が立ち止まっている時には「亜紀さんのペースがあるだろうから、先に行ってるね」と私が先に教室に進むようにしていた。すると、亜紀は少し時間をおいて、教室に自分一人でやってくるのだ。

夏休み、口腔センターでの訓練の様子を見学させてもらった。終わってセンターを出るときに、お父さんが亜紀の手を引っ張ったら、それを振り払って、立ち止まっていた。その様子をみて、私が思わず「亜紀さん。どうぞ」と扉の方に手を差し出すと「ニコッ」と笑って一人で扉を出て行った。その様子を父母と一緒に笑い合った。亜紀は確かに「自分」をつくりあげるための拒否を今、表している！と気づいた。

三学期には、「保健カードを置いて、バトンを持って、体育館に来てね」と言葉で伝え、体育館で私は待っている。すると亜紀なりに三つのことをやりきって来るようになった。

卒業目前、近くの公園で学年を二チームに分けて手つなぎリレーを行った。亜紀を真ん中に明美、康友、沙紀たち六人が手をつないで並んで走った。三年前はこんな日がくるとは思ってはいなかった。なんとも言えない感動を覚えた。

2 つくりだす可能性をもとめて

肢体不自由支援学校

1 高等部Eグループメンバーと課題

肢体不自由特別支援学校で教科を学ぶ高等部Eグループに所属する生徒は、一名を除いてみんな通常学校での生活を経験している。本校に所属した時期やこれまでの経緯は実にさまざまである。しかし、共通したこととして「障害があるがゆえに苦い経験をしている」「自分に対して非常に自信がないために、外の世界に踏み出すことを躊躇してしまう」が挙げられる。

また、特別支援学校に在籍する児童生徒の重度重複化もあり、教科を学ぶ生徒たちは、学校にいる間は、「できる子」としてみられ、いったん学校を出ると、偏見と差別の中におかれ、そのアンバランスさに苦しむ姿もみられた。「特別支援学校は甘い。外の世界は厳しいんだ」ということを実際、自分の体験で実感し、さらにまわりの大人に言われたりすることにより、卒業後の生活に不安を抱いている児童生徒も多い。

これまで在籍してきた通常学校では、主体的に授業に参加することが難しく、授業中「お客さん」的になっていることも多かったためか、じっくり、ゆっくり考えることを「もう、いいんだよ」と避け、深く考える場面では「難しすぎる」と考えることそのものから逃げてしまう傾向もみられた。また、自分の思っていることや考えを言語化して相手に伝えることが苦手である上に、学校全体でも週の大部分の授業を一～三名で受けている。ものごとに対するさまざまな見方・考え方を学ぶには、そのような授業や生活を意識的に組まないかぎりなかなか育ちにくい学習環境にある。

また、身体面での介助を必要とする生徒もいるため、教員と常に一緒にいる生活である。そのためか、教員の顔色をみる生徒も多い。教員が何を望んでいるかを察知して、その通りにしようとする傾向もある。何か行うときに教員に許可をとらなければ動けない生徒もいる。

高Eグループメンバーは全員で七名。一年生は四名在籍している。病気の進行のため、地域の小学校から本校に編入し、本校中学部を経て高等部に在籍する浩平。普通高校に合格していたが、学習環境を考えて、保護者や在籍していた病弱特別支援学校時の担任の強いすすめで、自分としては納得いかずに入学した明菜。小・中学校を通常学校で育ち、いじめなどのあからさまな排除はなかったものの、クラスでは「お客さん」的に過ごしてきた雅史。同じく小・中学校を通常学校で過ごし、同級生からのいじめや無視を経験し、本人・保護者の希望であった通常の高校に合格できず、大変不本意で本校に入学した孝治がいた。

二年生は、本校小学部から在籍する由里子。通常の小学校で五年生の時にいじめにより不登校になり、本校に編入した良介の二名。三年生は、通常の小・中学校を卒業し、高等部より本校に入学した麻子がいる。担任は、フリースクールでの仕事を経験したこともあり、地域では障害がある人とのサークルを立ち上げ活動している、経験豊富な新規採用の原先生と私の二名である。

在籍するメンバーは、発達的にも思春期から青年期という揺れる時期に加えて、障害を有することからくる卒業後の生活に対する不安、進路についての不安を多かれ少なかれ抱えつつ生活している。

この大きく揺れながら育つ時期に、「何を大事に指導・支援していくか」を私自身も揺れながら子どもたちと一緒に考え、関わってきた。そして、生徒たちの本音のところの悩みに対して応えられる授業とは何か、を考え続けていた。

2 つくりだす経験　自分たちで計画し、自分たちで実行する

ホームルームでは、自分たちのやりたいことを企画して実行することを続けた。チャーハン作り、かくれんぼ、ゲーム大会。昼休みもジェンガ、マンカラなどの遊びをもちかけた。幼い頃に経験する「仲間との遊び」が不足しているのか、生徒たちは喜々として楽しんでいた。

原先生は、生徒の生活や学習環境について熱心に考えてくれた。電動車いすを使用している浩平にとって、使いやすい机を私たちは一時間かけて話し合い、原先生が木材で作ってくれた。手に麻痺がある良介の書字の課題も私物のパソコンを持ち込み、文字で表しながら考えることができるようにしてくれた。生徒たちはとても喜んだ。できないことがあったら、あきらめるのではなく、今の生活からできることを考え、どうにかしていこうとする姿勢を原先生から学んでいった。

雅史は通常の中学校では手動の車いすを使用し、中学校では介助員に押されて移動していたが、電動車いすに乗り、自由に動ける浩平の姿を入学後にみて、あこがれ、自分も電動車いすを利用することにした。自由に動ける喜びを味わうなかで、担任の働きかけもあり、自分のことを自分でしようとする意欲がでてきた。自分でできることが増え、それがますます意欲を向上させていった。

夏休み、良介が中心となり、グループ企画で池袋のサンシャインにみんなで遊びに行ったり、バーベキュー大会を開催したりした。バーベキュー大会では、孝治は良介と協力し、いろいろ準備を手伝った。浩平は家からスイカを一個電動車いすの後ろにぶら下げて持ってきてくれた。みんなでスイカ割りを楽しんだ。

またこの休みに、前から考えていたことを実行した。二年生の進路で悩む由里子と将来、福祉関係の仕事に携わりたい希望をもつ良介を連れて、高田さんの家を訪ねた。高田さんとは前年度の春休み、大学受験について悩む由里子と一緒に、「全国障害学生支援センター」の学習会に参加した時に知り合った。

高田さんは、AO入試で大学に入学し、学びながら、地域の当事者相談員として働いている人だ。身体的な動きの制限が決して少なくないが、電動車いすでどこへでも出かける高田さん。住宅改修をして、ヘルパーを活用しながら、一人暮らしもしている。明るく気さくで、前向きに生きる高田さんのことを、私が大好きになり、障害と将来の進路で悩み考えている由里子と良介にどうしても会ってもらいたくて、連れて行った。

良介「一人暮らし、怖くないんですか？　だって、車いすから降りたら最後、自分じゃ乗れないんでしょ」

高田「まあ、その時はその時だよ。どうなるか先を気にしてやらないよりも、やりたいことやっちゃった方がいいじゃん」

高田さんの言葉は、一見とても楽天的に聞こえるが、実は自分の障害や状況を正しくとらえ、冷静に判断して生活している。「できること」「できないこと」と「がんばるところ」「がんばらないところ」を考え、判断して動いている、と言っていた。判断した「できないこと」「がんばらないところ」は人に支援してもらうことを徹底している。

一方で、自分の好きな人の話や大学生活の話もしてくれ、高校生の二人にとっては、立派にみえる高田さんも、恋愛で悩んだりする自分たちと変わらない青年であることがより親近感をもたせたようだ。良介は特に高田さんの生き方に感銘を受け、「この話は、自分だけじゃなく、他の大勢の人にも聞いてもらいたい」といっていた。二学期になり、進路の授業で良介と由里子は高田さんの家を訪問し、聞いたことを、他のグループメンバーに報告した。

3 「障害」について考える

総合的な学習の時間に、二学期後半からは、共通テーマ「障害のある人の自立について」学んでいった。それぞれが共通テーマにそって、自分の興味あるテーマを選び、学習・研究活動、発表・まとめを行っていった。

浩平は「車いすで生活しやすい家」とテーマを設定した。全面的に生活に介助が必要な浩平。ヘルパーなどを活用し、現在は家族と生活しているが、できれば一人暮らしをしたいと考えていた。福祉機器展のパンフレットをみて、車いすでも生活しやすい道具を探していた。そこで、私は自分の友だちが勤めている区内の障害福祉センター宛に浩平が知りたいことを手紙に書いて質問することを提案した。以下がその手紙である。

「今『総合的な学習の時間』で『自立』をテーマに、自分で知りたいことを調べています。
ぼくは、電動車いすに乗って生活しています。そして、将来一人暮らしをしたいと思っています。
ぼくが知りたいことは、『車いすでも生活しやすい家』についてです。自分が生活しやすくなるとしたら、どのようなことが必要か考えました。そして、教えていただきたいことができてきました。以下のことを教えてください。

①一人で車いすに乗り降りできるようになるような道具・手段はあるのか？

ぼくは一人で車いすに乗り降りすることはできません。今は、親かヘルパーさんに介助してもらっています。自分一人で乗り降りできるようになりたいと思っているのですが、一人でできるための道具や手段があったら教えてください。

②使いやすい洗面所をつけてほしい。

車いすに乗っていると洗面所の下に空間がないので、つっかえて使いづらいです。下に空間がある洗面所をつけることはできるのでしょうか？　その時にお金がかかりますか？

③自分で起きあがれるようになる道具・手段はあるのか？

ぼくは、自分で寝転がることはできますが、起きあがることができません。自分で起きあがれるようになりたいので、そのための道具や手段を教えてください。

④寝返りが一人でできるようになりたい。

ぼくは、自分で寝返りができません。一人で寝返りができるようになりたいのですが、そのための道具や手段があるか教えてください。

⑤高いものをとれるようになりたい。

車いすでは、高いところにあるものに手がとどきません。高いところにあるものがとれるような道具や手段があるか教えてください。

⑥一人でお風呂に入れるようになりたい。

今はお風呂にヘルパーさんの介助で入っています。一人でお風呂に入れるようになりたいのですが、そのための道具や手段があるか、教えてください。

⑦車いすを降りて生活できるスペースと車いすのまま生活できるスペースがある家に住みたい。

車いすから降りられるスペースと車いすのまま生活できるスペースがあると生活しやすいです。そのような家はあるのでしょうか？　〇〇区にバリアフリーマンションというものがあると聞きましたが、△△区にもありますか？

以上のことを教えてください。

お忙しいとは思いますが、できれば、早い時期に回答をいただけるとうれしいです。

よろしくお願い致します」

すぐにセンターの友だちより電話がかかってきた。できれば、本人に会って、当事者に合った機器はどのようなものか、一緒に考えたい、とのこと。私は、土曜日にセンターに見学にいくことを浩平に提案した。浩平だけでなく、行きたい人を募ると良介、孝治そして、明菜が一緒に行きたい、と言ってきた。原先生と私が付添い、五人でセンターに見学に行った。

自立生活支援室の私の友だちは他の職員とともに、とてもていねいに対応してくれた。高さが変えられる洗面台。浴室の床の高さが変えられるお風呂、便座の高さや壁の幅が変えられるトイレ。リフト。浩平は自分でカメラを持参して、それらの機器を撮影していた。実際、自分に合うかどうかまでは明確にはならなかったが、いろいろな道具があることを知った。

調べたことをまとめる中で「困ったときに相談ができる場所があるんだ、ということを知れてよかった」

と感想を書いていた。

また、「障害者自立支援法施行後の影響」をテーマに調べている良介は、浩平の母にもアンケートをとり、「応能負担から応益負担」に変わったその厳しい現実を知っている。良介はセンターの人に「障害者自立支援法が施行されて、どうですか？」と率直に聞いた。職員さんは「正直、障害がある人にとって厳しいことしか耳に入ってこないね。私たちもそれが良いとは思っていない。障害のある人が声を出してくれると私たちがその代弁者になれる。障害のある人がどう思っているかという声をあげていくのが大事なんだよ」とアドバイスしてくれた。

由里子は近隣の中学校・高校の生徒に「障害についてのアンケート」をとった。アンケートの集計作業の中で、健常者である中学生、高校生の「障害がある人に対するさまざまな気持ち」に触れることとなった。アンケートの中の「障害者と仲良くできると思うか」という問いに対して、「できる」という回答が圧倒的に多いことにまず驚いていた。「できない」という回答でも理由欄に、「障害のある人について知らないから、仲良くできるかわからない」「自分の不用意に言った言葉や行動で、傷つけやしないか心配である」など、関わる上での戸惑いや不安が記述されていた。

由里子はそれを読んで「(同世代の健常者が) こんなふうに思っているなんて考えたことなかった」と言った。この授業でのアンケート集計作業は、「同世代の健常者が一番の苦手」と考えていた由里子に少なからず影響を与えた。

4 さまざまな人とつながって

障害がある子どもたちと関わるとき、どうしても越えられない思いがある。それは本当のところで「子どものことはわからない」という思いだ。障害がありながらこの社会で生きていく厳しさ、苦しさを私は本当のところでわからない。進行していく病気、多くなっていく身体的制限を感じながら生活する子どもの気持ちを、私は本当のところでわからない。子どもたちが悩み苦しむ姿に対して、何かアドバイスしたとしても、子どもたちの声なき声「だって、先生は健常者じゃない」という言葉が私の中で聞こえていた。

自分の限界をいつも感じる。自分一人ではできないから、私はまわりに支えを求めた。一番身近に生徒と、ともに苦しみ、支える保護者、原先生をはじめとする同僚、障害を有しながらもこの社会で、悩みながらもたくましく生きている高田さんやこれまで関わった卒業生、福祉施設に勤める私の友人……関わる主治医やケースワーカー等々、今、私がもっている技術や考えでは、どうしても応えきれない生徒たちの本音の問いに対して、一緒に悩み考えてくれる仲間が私に必要だった。その方々にたくさん支えられ、助けてもらい、そして私も学んでいきながら授業や学校生活をつくっていった。

生徒が時に「敵ばかりだ」と感じる「健常者」。私はみんなに考えてもらいたかった。生活や学習を通して、関わる人や「あなたのことはわからないけれど、一緒に考えたい、わかりたい」と思っている私を通して、生徒たちがくくる「健常者」というものについて……

5　自分たちでつくっていく高等部の世界

副校長から三月に、学校だよりの原稿依頼が高Eグループにあった。次年度の新入生向けの記事を依頼された。

年度当初「先生、どうしたらいい？」と何をする時も聞きながら取り組んでいた高Eグループメンバーだったが、この時は休み時間に自分たちだけで集まり、新入生へメッセージを考えていた。「できたよ！」と持ってきてくれた文面はこのようだった。


「新しく高等部へ入学されたみなさんへ。

新しく高等部へ入学されたみなさん。みなさんの入学を心から歓迎します。

高等部は、小学部・中学部より自分でつくっていく世界だと思います。今までできなかったこともできるようになっていきます。

わたしたちもがんばるので、一緒にがんばりましょう。そして、高校生活を一緒に楽しくつくっていきましょう。

高等部一年目なので、ゆっくり、自分のペースで新しい一歩を踏み出していってください。

高Eグループより」

渡辺実践のコメント2

特別支援学校の実践を読みひらく

自立を励まし、居場所をつくる集団づくり

湯浅　恭正

渡辺実践を読む　障害のある子どもの居場所づくり

1　障害の重い子どもを理解する姿勢

肢体不自由児教育の教師生活から知的障害児教育の場に異動した渡辺さんは、重度重複障害の子どもと出会い、その行動に圧倒されます。

中学生の亜紀のような重い障害ではなくても、障害児教育では、「できなさ」に接し、その確認をさせられるのが日常です。

当初、渡辺さんは、亜紀の行動の否定面に目を奪われます。もちろん、肢体不自由の支援学校も、知的には重度の子どもを多く含み、そこでの実践の体験を積んできたであろう渡辺さんでも、どこから対応の糸口を見つけるのかに苦慮している様子が記録には示されています。

渡辺さんは、こうした否定面だけに目を向ける子ども理解の仕方を転換し、「やがて行動を調整できるよ

うになるのではないか」と考えて、「できること」を確かめようとする姿勢をもちます。この姿勢は、否定的な行動の背景には、自分と向き合ってくれる教師を探し求めようとする亜紀の思い・願いがあるのだと省察する教師の力量を示しています。

それでも亜紀の行動にイライラする生活が連続するのですが、亜紀の内面の世界を理解し、指導の姿勢を転換しようとした教師の力量とは何かが問われます。

2 保護から自立へ

渡辺さんが指摘している「怖く、きつく怒る教師の姿勢」は、ある意味では障害児を保護する見方です。しかし、それは当事者である子どもの自立の力を育てることにはなりません。安全についての管理を前提にしつつ、障害の重い子どもの自立をどう促すかが指導の課題です。指導姿勢を転換した渡辺さんは、「できること」の確認を進めます。亜紀の「できること」を発見することによって、一人歩行という自立を励まします。

保護から自立の世界へという発達の課題は、渡辺実践では、「定位」「調整」の力の獲得として示されています。特別支援学校での指導の領域では、日常の身辺処理の場面と自立活動の場面です。そこでは、単にモノの世界への定位・調整だけではなく、渡辺さんや鈴木先生というヒトを意識し、自分の力でモノに向かおうとする活動を支えてくれるヒトが自立の支えになっていることがポイントです。

階段を「一人で歩けるかどうか」が個別の指導計画ではよく議論されます。しかし、こうした外見の行動ができたかどうかだけではなく、「定位」などの認識の力や他者の支えなどの集団の力が日常の動作の自由の獲得に結びつくのです。

3 自立を支える個人指導と発達観

(1)個人指導と指導の体制

こうした指導は、渡辺さんが歩行やモノの操作という亜紀の生活に参加しようとするものであり、その教師の姿勢に亜紀も励まされます。そして教師もまた子どもに寄り添うという関係が発展していく実践の循環を生み出しています。そこには、どんなに障害が重くても、保護主義ではなく、相互に主体として関わり合う関係性が位置づいています。

そして、この関係性が成立したのは、渡辺さん個人の力量ではなく、目を離せない亜紀の生活に参加できる体制をつくった教師集団の力があったからです。ただ、記録には知的障害児の教育でベテランの教師集団の中で、肢体不自由児教育に長く勤務してきた渡辺さんの専門性がどう尊重され、指導体制を構築したのかは示されてはいません。特別支援学校の生活指導実践を支えるポイントだけにこの点の考察も必要だと思われます。

渡辺実践は、教師―子ども関係から、三学期に亜紀の誘導を他の子どもに頼むという子ども相互の関係を視野に入れます。そこでも常に教師が言葉をかけ、媒介になることが意識されています。子ども集団づくりを展望しつつ、一年間を通して、亜紀への個人指導とそれを支える教師集団が生活指導実践の土台になっているのです。

⑵身辺の自立と生活のストーリー

身辺の自立の指導でも、焦らずに亜紀への個人指導が進められています。そこでは、すぐパンツを使い切る亜紀、一学期の間に数回だけトイレができる亜紀に向き合いつつ、こうしたあきらめたくなる日常や、努力してもほんのわずかな進歩しか見せない日常に渡辺さんが継続して指導できたのはなぜでしょうか。

そこには、先に指摘した「相互に主体として関わる」応答的な関係性が基盤にあるのだと考えます。個人指導の場面で身辺の処理に誘いつつ、ともに自立に向かう存在として亜紀自身が渡辺さんに応えようとする、それにまた渡辺さんも応えようとする関係性が成立したからです。

日常の生活の中で単にトイレの自立を促すのではなく、トイレをめぐって教師との交わりの時間があることを亜紀は意識し、生活のストーリーの中にトイレの時間が位置づいていくことにも注目すべきです。身辺自立は重要な指導課題だけに、それをともに生活をつくることの中に位置づけ、生活指導の課題としてどう理解するかが問われています。

⑶信頼を土台にした発達的な自立

当初は亜紀につかまれないようにし、他方では許すといった疎遠な関係だった友だちとの交わりが変わり、それにつれて、明美との交わりが顕著になります。そこでも交わり方の技をていねいに指導し、子ども相互をつなぐ役割を教師は果たしていきます。

二学期に作業学習で明美と協力する等、仲間に気持ちを向けていく成長を見せますが、日々の教室移動や保健室の仕事の場面でも、渡辺さんの支えが少しずつ亜紀の変化を生み出していきます。活動できる自分を認めてくれる教師の存在が亜紀の自立の鍵になっています。日常の教師との交わりと信頼が、障害の重い子どもにとって発達を支えていることに注目したいと思います。

障害児の自立と発達の過程は、教師から見て問題だと思う姿が順調に消えていくという単純なものではありません。気持ちが高ぶった時には「つかむ行為」が続くと指摘されているように、子どもは自立の課題をもちつつ生活しています。しかし、表面的にはこうした行為はなくならなくても、教師や仲間との関係がつくられる体験は、亜紀にとって自立に進む土台になっています。同じ「つかむ行為」も当初の意味と、明美たちとの関係がつくられる中で見せるそれとは質が異なっているはずです。

4 子ども集団づくりと活動

障害の重い子どもの集団にあっても、教師―子どもという関係から子ども集団の教育力に注目した取り組みが求められます。そのポイントは、子ども相互を結びつける活動をどう構想するかです。

運動会で亜紀が見せる模倣の行為や、運動会の絵に友だちを描いていく様子からも、ともに活動した運動会の経験が子ども相互の関係をつくり出していることが示唆されます。

秋の文化祭において、一人で活動するまでになる場面では、練習を止めて亜紀のチャレンジに期待する姿勢、しかし、帰りにも二人で練習してフォローして評価する姿勢が亜紀の自立を促します。達成感を学年全体で味わう場面は、その雰囲気に巻き込まれる不安ではなく、みんなとともに一人で達成しきった経験が亜紀の内面に刻まれたことを示しています。

こうした仲間との共同の経験が、当初はスルリと逃げていた仲間が亜紀に要求し、それをまた亜紀も受け止める力の形成に結びついていきます。人間関係のトラブルそれ自体を取り上げてトラブルを減らし、なくそうと焦るのではなく、共同の活動と経験が、子ども相互の交わりの発展に寄与しています。

なお紙幅の関係で十分展開できませんが、重度重複障害児の指導において授業づくりをどう展開するか、渡辺実践での作業学習や生活単元学習が子ども集団づくりにどう関与したかの省察が求められています。

5 溜まり場と日常の生活

子ども相互を結びつける活動という点では、「散歩チーム」もポイントです。みんなで歩くという共有体験のある生活など、自分たちの生活をつくり出す活動だからこそ、子ども相互が交わりを結ぶことができたのです。

子ども集団の活動が成立したのは、渡辺さんの重度重複学級が、「溜まり場」になっていたからです。普通学級の子どもたちも参加したくなるような「溜まり場」が、自然に散歩の活動を生み出しています。生活指導実践で大切にしてきた「居場所づくり」も、こうした「溜まり場」が土台です。教師集団を支えにしつつ、子どもたち自身が楽しみにし、交流できる場、それが溜まり場です。おそらく、散歩だけではなく、この溜まり場が居場所集団になっているのは、要求にそった活動ができる場だったからだと思われます。

こうした散歩の活動は、一つには学校で周囲の教師たちから声をかけられる応答を引き出し、二つには学校に散歩というストーリーのある生活を生み出しています。こうした生活が子どもたちの能動的な意欲に結びついています。「帰りの会の前」という「教育課程の隙間の時間」に展開されている活動だけに、つい見逃されがちですが、そこに子どもたちの集団をつくる鍵があります。

障害児の教育で「日常生活の指導」という領域がありますが、それは、かつては「日常の生活指導」と呼ばれていました。日常の生活をどうつくるのか、その教育力に期待したからです。渡辺実践のように日常の中に散歩のある生活をつくる、その生活の質が大介と亜紀や子どもたちの交わり関係を豊かにしていくのです。

欠席はしたが社会見学や学年代表で通知表を取りに行く、行事などの教育課程にそった活動においても、亜紀は先に指摘した日常における仲間との交わりの体験が土台になって前向きな姿勢を示しています。その意味でも、こうした障害の重い子どもの教育では、どう日常の繰り返しの生活において「溜まり場」を拠点にして自分たちの生活をつくり出すかが課題になります。

ここでも、渡辺さんたちの学級の教師と普通学級の教師とがどう教育課程とそれを支える日常の生活の質をめぐって議論されてきたのかが問われています。三年生の掃除の場面では渡辺さんとの関係だけではなく、小学部の教師からも声をかけられて評価されるなど、学部を越えて亜紀の存在を承認し、評価するトーンが示されています。何気ないようですが、学校全体が一人ひとりの子どもの存在をどう理解するか、その日常の姿勢が、障害のある子どもの自立に深く作用しているのです。

渡辺実践を読む　障害を受け止め、自立する力を育てる

1　子ども理解の基本

(1)多様な生きづらさをもつ生徒のニーズ

肢体不自由の特別支援学校には、通常の教育課程に準ずる指導を受ける子どもや、重度・重複障害のあ

る子どもなど多様な層の子どもが通っています。一律に生活指導の取り組みを評価・分析することはできません。そこで、まず渡辺実践の舞台が教科を学ぶ学習集団を基盤にしていることに注目してみます。

通常の学校の学習集団とは異なり、発達課題に即して学習集団が組織されているのが障害児教育の特徴です。渡辺実践のクラスも、こうした学習集団で編成されています。学習集団でありつつ、生活をともにする基礎集団の役割を担うのが渡辺実践のクラスです。

しかし、発達的にはほぼ同じ段階で、知的には軽いといわれる生徒たちも、多くの課題を抱えています。第一に、特別なニーズに的確に応じた学ぶ機会を剝脱されてきた生活が続き、そのために第二には、学ぶことから逃避する生活にいます。渡辺実践に限らず、教師の目から見ると「できる」と思われる生徒でも、教科指導に拒否・抵抗を示す事例は多くあります。第三には、仲間の中で自分の存在を確かめる機会が乏しい生活が続き、自己肯定感がもちづらい状態を経て、今を生きています。小・中学校時代のいじめの体験を抱えて暮らす生徒にとって三年間の高等部の生活をどう過ごすかは自立するための大切な課題です。

こうした事情を抱えている生徒たちを前提にして生活指導実践をスタートさせなくてはなりません。思春期から青年期は、自分を他人と比較して自信と劣等感の間で揺れ、また自己をいっそう見つめるようになるなど、自己をいつも意識する時期ですが、渡辺実践の生徒たちもその中にいます。

⑵自立に踏み出す場づくり

渡辺実践には、こうして背負ってきた過去にもかかわらず、学習集団で相互に出会い直し、自立への歩みを進める場としての意味があります。つまり、障害児教育の子ども理解とは第一に、どのような生活歴をもつ生徒であっても、仲間と出会いながら自分づくりを求めている存在として理解することです。そして第二には、ともすれば教師に支援され、教師の思いを汲み取りながら、支援者の顔を伺って生きてきた生活を転換して、仲間との共同を通して青年期に生きる居場所を求めている存在として理解することです。

卒業後の進路への不安の中にいる生徒たちだからこそ、高等部の実践には、仲間とともに自分を見つめ、「まんざらでもない自分」を発見することに中心的な課題があると考えます。特別支援教育で盛んに強調されている「キャリア教育」の課題もここにあります。

2 指導観を問い直す

(1)厳しい指導とは?

今、子どもを主体にするという言説は疑いもなく受け入れられています。しかし、主体を育てるとは、教師や大人から自立して生活を切り開く力を育てていくことです。渡辺実践では「支援学校は甘い、外の世界は厳しい」と生徒に思わせる指導観が未だに強いと指摘されています。こうした指導観で果たして青年期を生きる生徒の自立を支援できるのでしょうか。

では、厳しい指導とは何でしょうか。それはかつての特殊教育に支配的であった社会的な適応を子どもたちに一方的に求める働きかけではありません。教師の指導を媒介にしながら、自分たちの生きる世界を創造する、そこには、どのような世界をつくるのかを考えて、仲間や自分と向きあう生活がなくてはなりません。それは当事者にとっては楽しいだけではなく、厳しい世界が待つ生活です。こうして「生活することを引き受ける」とでもいえる力を育てる、そこに厳しい指導の意味があります。

⑵子どもの生活に参加する

厳しい指導は同時に教師にも求められます。渡辺さんが、「私自身も揺れながら子どもたちと」と述べているように、教師や大人から自立する生徒を育てる指導は、教師が生徒の世界に参加しながら、ともどもに生活の在り方を模索する過程をくぐらなければなりません。こうした意味でも渡辺実践は指導観を問い直す意味を提起しています。

原先生が、電動車いすで生活している生徒に必要な机や、書字の課題に取り組む手段を考え、教師集団が話し合うのも、ともに生活の仕方を考え合おうとするからです。

障害に起因する困難さを支援することは、福祉的なサービスの提供だと考えられ、渡辺実践もその文脈にあります。しかし、そこで見逃されてならないのは、たとえサービス的な関係ではあっても、ともにどのような生活をつくろうとするのか、その方向と具体的な内容を探し、考え合うという共同の関係が必要だという点です。こうした共同の関係が学校につくられる時、その生活のトーンが生徒たちに作用します。渡辺実践の生徒は、社会的な適応に追い込む教師像ではない別の教師像を発見していったのだと考えます。

⑶体験の質を問いかける

渡辺実践では、生活指導の舞台であるホームルーム活動として、「自分たちのやりたいことを企画して実行する」取り組みが進められています。いずれも少年期的な活動を経験する取り組みです。それは学校的な価値と枠の中にはめられた世界から解放されて、自分たちの世界をつくり出すことです。こうした体験の質は、幾重にも傷つき、自信を失ってきた高校生が自己を取り戻す意義をもっています。しかし、自信を失い、学校的価値に縛られて活動への要求を表現しにくかった生徒たちが仲間との親密な関係をどのようにして築くのかが問われます。夏休みの「グループ企画」による活動には、自発的に企画する力の育ちが見て取れます。そう考えると、渡辺実践の意義は自分たちの世界＝居場所を学校の内外につくる意欲を育てていることにあります。

障害児教育は、子どもたちの体験を重視してきましたが、問われるのは体験の質です。高等部にもなると、つい就労や卒業後を見通して社会に適応するための体験を押し付ける傾向があります。体験を重視するといいつつ、かつて「生活主義教育」として批判されてきた教育の考え方は今日でもなお根強く残っているのです。渡辺実践の活動は、少年期的なもので、青年期を見通した時期に必要な社会的自立を目指すためには甘いものなのでしょうか。

そうではなく、渡辺実践は、試行錯誤や失敗を含んだ自主的な活動の世界を経験する意義をもち、青年期にいたる生徒たちに必要な自立の課題に応えるものです。学校後の生活においても、少しの失敗でも自己を失わず、仲間とともに生きていく力は、青年期の自立にとって重要な要素だからです。そのためにも、肢体不自由の特別支援学校で小学生の時期から自発的な活動を経験するカリキュラムをどう編成するのかが問われています。

渡辺実践では電動車いすの導入などの支援が入れられています。しかし、そこでも、「動ける自由」と「自分でできること」が単に意欲に結びついたのではありません。仲間との関係がつくられ、仲間との活動の共有が自由な世界を楽しむことにつながっています。今、こうした不自由な生活における多様な困難さを支援するためのツールの開発が盛んに行われていますが、それらの開発は、仲間との共同の生活に参加するためのものであることを改めて確かめておきたいと思います。

3　青年期の学びの質を問いかける

(1)当事者相互の交わりが生み出す学び

渡辺実践では進路に悩む生徒と同世代の仲間との交流が図られ、それを契機にして自己を振り返る学びが展開しています。それは障害を抱えつつ積極的に生きようとする仲間の姿勢に接して、青年期としての悩みをもつ他者を発見する学びの展開です。

そこには「当事者どうし」という安心感だけではなく、「自己決定の意味を発見した学び」があります。自己決定ができる根底には肯定的な自己理解の力が不可欠です。それは、傲慢な態度とは異なり、できる世界とできない世界を理解し、他者に支援を求めることができる力です。

こうした自己理解を基盤にした学びは、障害のある生徒が障害を受け止めながら生きる生活の当事者になるために必要な条件です。障害を受け止めながら生きる主体としての「当事者になりゆく過程」をつくり出す、そこに渡辺実践の意義があります。

当事者相互の学びと交わりの成立には、一つには学校外の学習会に参加する機会が契機になっています。こうした機会・ネットを通して当事者相互が出会い、青年期の学びを支えています。「楽天的に自己を語る高田さん」ですが、そこには冷静に自己を見つめて理解する姿があります。

また高田さんの家を訪問した結果が学校の他の生徒にも伝えられている点も大切です。学校外の活動が学校のホームルーム活動に位置づけられて学びとして成立しているからです。

(2)テーマのある学び

(1)で考察したように、青年期の重要な課題は障害の理解であり、渡辺実践は、総合的な学習に自立論を取り上げています。事例で取り上げられている浩平が選択したテーマとその探究過程の意義は何でしょうか。自立をテーマに手紙で質問した事項には、一人で自立したいとの切実な願いが込められています。健常者の世話にならず一人で活動できる生活への願いです。それらは他人に依存することなく生活できる力を育てることを目指したかつての自立論のようです。

しかし、浩平の願いには、こうした自立論ではなく、自分の思いで活動・行動する自在感・自由感への意志が込められています。そして、一人での生活に必要な情報を積極的に得ようとする熱い要求が見て取れます。自己決定の力が育つためには、必要な情報をもち、そこから選択することができる場を提供することが必要です。その意味で浩平の願いは、「自己決定のある生活」というテーマにそった学びへの要求だといえます。

同時に、浩平が「困ったときに相談できる場がある」という認識を得ている点も大切です。ヘルプを求める力と認識の意義はこれまでにも指摘されてきたことですが、こうした力や認識を形成する場としての学びの場＝総合的な学習がどのように学校につくられているかが問われます。

「肢体不自由」（高木憲次）の用語には、外側から見てその子どもの不自由さを判断するのではなく、当事者の意識―いくら不自由そうに見えても当事者がそれへの援助を必要としていなければ余計なお世話になる、逆にまったく不自由そうではないのに、支援を求めているのだとすれば積極的に支援する―を最大に尊重するという意味が込められています（上田敏『リハビリテーションを考える』青木書店、五六―五八頁、一九八三）。先に指摘したような「頼らずに自立を」という考えでも、また周囲からの支援を絶対視するのではなく、当事者の思いから発し、そこに私たち教師が参加する場をつくることが求められています。

さらに渡辺実践の学びは、インクルージョンという今日的なテーマにも結びついています。良介の問いに対してセンターの職員が、「障害のある人の声が健常者を動かす」と意見を述べています。そこでは、相互に願いや思いを聴きあう出会いの意味を良介は学んでいます。また由里子が自分にとって苦手な健常者が、予想に反して、実は多様な思いで障害者を理解しようとしていることを発見する場面からも、相互に出会う場づくりの意義が示唆されます。しかも、同世代の仲間である健常者に対しての認識を新たにしているように、これまでの健常者観を問い直す学びの場がつくられているのです。

いずれも今日のテーマであるインクルーシブな社会をつくる契機として総合的な学習が作用しています。その学習は、単に健常者が障害者を「理解できるかどうか」というものではなく、「できない」理由にも注目して、より深いところでの認識を得ようとするものです。「排除のない社会」という意味でのインクルーシブな社会をつくる過程は、こうした深い学びが支えになって展開します。そして、生徒たちが人々と出会いながら得た体験を、単に通り過ぎるものとして終わらせるのではなく、自分の経験として刻むために、渡辺実践では、ホームルームで学びの成果を交流する取り組みがなされているのだと考えます。

インクルーシブな社会づくりは、こうした学びの場を支える多様な要素を背景にして可能となります。渡辺実践が示している学びは、記録のタイトルにもある「つくり出す可能性」としてのインクルーシブな社会を展望したものだといえます。

4 教育実践に挑む教師の姿勢

特別支援学校の教師として渡辺さんが提起しているのは、「健常者」として子どもたちが教師を見ている点です。それは、健常と障害の枠を考える課題を示しています。子どもたちにとって渡辺さんは指導する人であるとともに、健常者として目の前に現れている存在です。

そうだとすれば、日々の生活において、障害のある子どもたちは健常者との交わり方を学んでいるのです。授業の場面において教師の支援を求める力は、教師―子ども関係を超えて、健常者と障害者とがどう交わりを結んでいくのかを学ぶ土台になっています。

よく知られているＩＣＦ（生活機能分類）は、障害者を活動と参加の主体として位置づけ、それを促進する（または阻害する）要因として環境因子を上げています。まさに日々の生活において教師という環境因子は、障害者の活動と参加を促進するものであり、教育者という枠を超えて、障害のある子どもたちの発達促進を担う健常者としての位置にいるのだといえます。

教育実践に挑む教師の姿勢として、ともに社会をつくる存在としてどう生活していくのか、生活指導教師ならではの立ち位置を渡辺実践は示しています。

第3章
障害のある子どもたちとつくる教育

小室友紀子

1　子どもの実態から出発する　子どもは操作の対象ではない

これまでの教員生活の中で、肢体不自由特別支援学校・知的障害特別支援学校を経験してきました。小学部・中学部・高等部の子どもたちの担任となり、実にさまざまなことを子どもたちから教えてもらいました。

どんなに経験したとしても、驚かない、そして戸惑わない四月はありません。何度連れ戻しても飛び出すように離席してしまう子、突然寝転んでしまう子、耳をふさぎながら叫んでいる子、どんなものでも破いてしまう子、近くにあるものを何でもつかんでしまう子、何かのきっかけで大暴れしてしまう子等々…子どものいわゆる「問題」行動と言われる行為・行動に出会った時に、ただたじろぎ、後追いの関わりしかできない自分に情けなくなることも数多くあります。

大和久勝氏が「問題」行動を行う子どもを「困った子は困っている子」と表したように、子どもは、周りにいる者にとっては「困った」行為・行動で内面の葛藤や不安を切実に訴えていることがあります。また肢体不自由校に勤務していた時には、不随意運動という自分の意思とは関係なく手足が動いてしまったり、声が出てしまったりする子がいました。子どもの今の姿がどのようであっても、「目の前の子どもの実態から出発する」は初任校での実践の合言葉でした。

その時、子どもを「操作の対象」としてみるのか、私と同じ「あなた」とみるのか、で指導の方向性は大きく変わってしまいます。出会いの四月は「今のこの子・この子たちから出発するしかない」と覚悟を決める時でもあります。夏休み前までは、子どもとともにさまざまなトラブルを一緒に経験し、その事実から子どもの内なる声を聴き取っていきます。出会った時にはわからなかった、子ども・子どもたちの苦しみや生きづらさに直面し、自分の指導の方向性を子ども・子どもたちの姿から鋭く追及され、修正せざるを得ないことも多いです。一学期は「右往左往が必須の時期」なのだと考えるようになりました。

2 「なぜと問う」ことから始まる指導

人間の行為・行動には必ず理由がある、と一緒に勤務した作業療法士の方がおっしゃっていました。なぜ、その行為・行動をするのか、「なぜ」と問うこと、それは子どもの言葉にできない声なき声に耳をすますことだと考えます。「何がそんなにつらいの?」「何があなたを苦しめているの?」と子どもの内面を知りたい気持ちをベースにして、さまざまな角度からそれらを探っていくことが必要になります。

- 今日の体調(寝不足、風邪気味、低気圧の接近等による体調不良)
- 昨日や今朝の出来事(寝坊してせかされたり、怒られたりして登校した、通学途中の出来事)
- 服薬している薬の影響(眠気やだるさなどの副作用、服薬したのか、していないのか)
- 生育歴及び家族関係(保護者との関係、兄弟姉妹との関係等)

以上のことは、障害を有するかどうかにかかわらず、どの子に対しても考えられる理由です。

そのうえで、障害からくるものに目を向けます。

- からだの視点(麻痺や不随意運動など、からだの動かしにくさがあるのか等)
- みえ・きこえの視点(どこまで見えているか、みるべきところに焦点を当てることができているか、音への過敏さがあるのか等)

・環境の視点（提示の仕方がわかりにくくないか、行為・行動を引き起こす、または促せない環境となっていないか等）
・認知・発達の視点（どこか発達上つまずいているところはないか、育ちきれないままいるところはないか、勘違いしているところはないか等）

認知・発達の視点で注意しなければならないことがあります。さまざまな発達検査の結果で、発達年齢が「二歳」等、現在の年齢よりも低く現れる時があります。しかし、だからといって学校で目の前に対している子どもは「二歳」ではありません。そうであるにもかかわらず、まるで「二歳」の幼児のように関わってしまう間違いを起こしてしまうことがあります。発達検査は現れ出る姿から測るものであり、その子の認知の仕方、考え方のくせや特徴をつかめる一つの重要なスケールです。しかし、目の前にいる子どもの、生きづらさを抱えながら懸命に生きてきた生活年齢に対する重みと尊敬を胸に刻むことが指導者には必要だと考えます。そして、発達検査の結果のみにとらわれず、他の理由・原因がないか、と探っていくことも重要だと考えます。

また、「問題」行動を起こしている今が永続的に続くということはなく、「今はこのような姿をみせているけれど、やがてこうなるのではないか」という、固定的でない、発達的な見方をしていくことが大切です。

以上、さまざまな角度から行為・行動の理由をできる限り探ることで指導・支援の仮説を立てることができます。探っていくとその理由は子ども自身が今の自分ではどうにもできない場合がほとんどです。それにもかかわらず、「問題」行動の理由を本人のやる気の問題や努力不足と言わんばかりの適切でない指導が「問題」行動をよりエスカレートさせてしまっている場合も少なくありません。「決して本人のせいにしない教育」を行っていくことが障害を有する子どもたちと関わるうえで押さえておかなければならないことではないでしょうか。

3　人と世界は信頼できるというメッセージを送り続ける

子どもたちと接する中でよく思うことがあります。それは、この子たちは、これまで、どれだけ注意され、怒られてきたのだろう、ということです。「～はいけません」という禁止、「～しなさい」という指示・命令、「～ダメでしょ」という叱責。毎日、このようなまなざしと言葉があふれる環境に生活していたら、障害の有無にかかわらず、気持ちが荒れていくのは当然です。

だからこそ、学校は障害を有し、生きづらさを抱える子どもたちにとって「来てよかった」「友だちや先生に会えてよかった」と実感できるような空間にしていきたい、と強く思うのです。

学校は嫌なところではない、と思ってもらうことを心がけています。子どもたちにそう思ってもらえるためにも、毎日の出会いは、まずは笑顔です。自分を肯定される空間をつくり、「学校に来てよかった」とほんの一瞬でも感じてもらえたらうれしいです。

そして、できるかぎり、彼ら・彼女らの要求に応えたい、と思います。あなたの言葉を聞いているよ、あなたの願いを叶えたいと思っているよ、というメッセージを送り続けたいと考えます。

大人は行為・行動を禁止し、やるべきことを指示し、その意に添わなかった場合は罰を与える人として子どもの前に立つのではなく、自分の気持ちが「立ち上がる」ことを支え、励まし、自分が自由で幸福になる方向へと導いてくれる人としてそばにいたい、と考えます。子どもの目に映る私はどのような教師なのか、私を通して見える大人や他者はどのような存在なのか。学校生活で「世界は生きるに値する」「人は信頼に足る存在である」という実感を毎日積み重ねていけたら、と考えます。

4　暴力を鎮めるために

思いや気持ちを言葉で表せないために、暴れる、思わず暴力に出てしまう子も少なくありません。暴力に出てしまう、ということはそこまで追い詰められてしまっている、と見た方がいいでしょう。「やめて」「うるさい」と言えないために、暴れる、という行動で表すしか手立てがなかったAくん。周りがざわついてきて「あ！　キレちゃう」と思った瞬間に彼の腕をとり、私が「うるさい！」と叫んだことがありました。彼も周りもびっくりです。その直後に「…ってAくんは言いたかったんだよね」と伝えてから「うるさい！って言ってみて」と一緒に叫んだことがありました。「Aくんはうるさいんだって。ちょっと静かにしてくれる？」とそこにいる友だちに伝えるとみんなは少しトーンを落とし会話をしてくれました。Aくんは暴れなくても自分が落ち着いて生活できる空間を言葉によって手に入れることができたのです。

イライラしているときに、その子の気持ちになって「〜がイヤだったね」「〜したかったんだよね」と気持ちを代弁することで言語化し、言葉で伝えることの有効性を実感してもらうことを日常的によくしています。暴力を鎮めるのはさらに強い力ではありません。暴力を鎮めるのは言葉です。言葉に出して表す、話し合うことで解決できた実感を教室で少しずつ積み重ねることで、暴力は確実に減らすことができます。子どもの暴力をさらに強い力で抑え込む方が、その時は一見鎮まったようにみえても、「力の強いものには従うしかない」というあきらめを生み、その子の力がそれ以上に勝った時には、より大きな暴力を引き起こすことになるのではないでしょうか。

一八歳選挙権が成立した今、「何をやっても変わらない」というあきらめを植え付けてしまうことほど主権者教育に反するものはありません。それは障害の有る・無しにかかわらず学校教育でより大事にすべきことなっています。指導を受ける子どもたちには指導を拒否する権利があります。また、子どもとの関係で一番持ち込んではいけないものは「支配―服従」関係です。暴力的にしか自分の思いを表出できない子どもに対して、子どもの立場に立って、非暴力的に指導・支援しようとするていねいでねばり強い、地道な私たちの毎日そのものに非常に高い意味とねうちがあるのではないでしょうか。

これは自立の視点でも同じことが言えます。

障害を有する子どもたちの自立を考えた時に、一人で何でもできるようになることが自立、と考えたらどの子も自立できなくなってしまいます。自分のできることを拡げていきながらも、できないことには周りの人に上手にヘルプを出す力をつけていくことが重要です。自分を追い込んで、他者に暴力的になってしまったり、自分を痛めつけたりするのではなく、自分の弱さや課題を受け止め、言葉で助けを求めることができることが自立するうえで必要です。依存しつつ自立することは、障害のある人だけでの自立観ではないと考えます。何でも自分でやらなければならない、と自分も他者も責めるまなざしの上に立った自立観に縛られて苦しくなっている子どもたちや私たち大人にとっても、新たな世界を構築する方向性をみせてくれる重要な視点ではないでしょうか。

5 「その気にさせる」のが指導

「やりたくない」と活動に誘っても拒否されてしまうことも少なくありません。そこで、「やるのか―やらないのか」と二項対立的に子どもを追い詰めることでさらに事態を悪化させてしまい、後悔することもしばしばあります。

文化祭の舞台発表で、小学一年生のみんなで黄色のパンツをはいてダンスをすることにしました。みんながかわいい衣装を着て喜んでいるなか、自閉症の和馬くんは黄色のパンツをはくことを強く拒否しました。「かわいいよ」「はいてみようよ」「これをはいてみんなで踊ろう」など、いくら誘いかけても、黄色のパンツを放り投げ絶対にはこうとはしません。

「今ははきたくないのね。じゃ、はかないでみんなの様子を見ていてね」と衣装をつけることを強要することなく、和馬くんのその時の思いを大事にして、ダンスの練習に取り組みました。

舞台発表練習に取り組んだ三回目の授業で、和馬くんはカゴから自分で黄色のパンツを持ってきて、私の前に差し出しました。

「パンツをはくのね」とさりげなくはかせてあげると、それ以後、和馬くんは拒否するどころか、ダンスの時には自分から衣装を身に着けるようになりました。

最初の拒否の時に「ダンスの時には、みんなと同じように黄色のパンツははくもの。それが決まっていること」と「はくべきもの」として迫っていたら、和馬くんの衣装をつける行為はもう少し時間を要していたかもしれません。授業の内容を見ることによってわかり、友だちが楽しく踊る様子を見て、衣装をつけることに和馬くんが意味を見出した時に初めて、和馬くんの気持ちが動いて衣装を身に着けて、ダンスを自分から踊ることができました。

無理やりやらせることで拒否を長引かせることも多いです。また、「障害を有しているからこのままそっとしておくのがいい」という指導放棄と「泣けば通ると思わせてはいけない」と子どもの拒否をわがままととらえて指導者の思いを強く出して活動を強要する指導は根のところは同じです。いかに子ども・子どもたちをその気にさせ、自分から気持ちを立たせ、活動へと誘うか、ここに、教師である私たちの力量が問われるところです。城丸章夫氏がいう「指導とはその気にさせること」は子ども・子どもたち自身が自分の生活をつくっていくちからを育てることの重要性と子どもを主体にした指導の原則を表しています。

どうして拒否したのかをていねいに考え、子どもの立場に立って活動内容を工夫する、子どもの好きなことに依拠して「次はこうしてみよう」と改善しながらつくる授業実践は、障害を有する子どもたちの教育では欠くことのできないものであり、それが教師にとっての大きな楽しみでもあります。

6 どの子にもある「がんばりたい心」 三つのポイント

「やらない」「できない」と踏み出せず、うずくまる子の気持ちを汲み取ろうとし、彼ら・彼女らのほんの少し動く前向きな気持ちにていねいに呼びかけたり働きかけたりすることによって、彼ら・彼女らが少しずつ立ち上がり、前向きに歩き出す姿を何度もみてきました。一見、拒否する姿の中に「本当はがんばりたい」「大きくなりたい」という「もう一人の自分」がいるようです。否定的に見える姿の中に、「学びたい」という発達要求が、誰の中にもあることをこれまで出会った子どもたちの姿が確信させてくれました。そこに問いかけ、子どもから応答され、その応答に教師がまた問いかけ、応答する…

教師の思うようには決してすすまない、この相互に応答しあう関係は、まるで埋まっているダイヤモンド＝子どもの発達要求を一緒に掘り出し、また作り出していくような果てしなくも価値ある営みです。では、この営みはただ一人の教師が子どもと向き合うことだけでできることなのか、というとそれは違います。子どもと向き合っているだけでは、なかなか見つけられません。子どもの発達要求を探れる三つの要素が学校生活にはあるのです。

一つは活動です。学校生活の日常すべてが子どもたちにとって学び育つ活動です。それらの活動は私たち教師に新しい子どもの姿を発見させてくれます。「こんな姿があったのか」「こんなちからをもっていたのか」と驚いたり感動したりすることも多いです。しかし、よい発見ばかりでなく、苦い発見（授業内容への工夫が足りず、離席が激しくなる、集中できない等）をすることも多々あります。活動があるからこそ、子ども・子どもたちの新しい一面が見えてきます。

もう一つは子ども集団です。「個別の指導」が重視される特別支援教育ですが、その大事さを押さえながら、「集団の活動」があるからこそ、子どもは友だちの姿に出会って「あんなことができるんだ」「自分もあんなりたい」などの憧れの心が生み出されます。

からだが大きくなり走ることがだんだん難儀になってきた小学部六年生の大地くん。朝の体育の時間に体育館に移動するのが嫌で、時に大暴れで拒否をします。そこで、体育館でマットに横になってマッサージを受けることを提案しました。すると自分からマットを持って体育館に移動し始めました。体育館につくと、友だちが横一列に並んで、笛の合図でかけっこをしています。最初はマットに横になり、私のマッサージを受けていた大地くんですが、楽しそうに走る友だちの様子をみて「先生、見ていて」と私に告げると、自分から友だちのラインの中に入ってみんなと一緒にダッシュし始めました。私が「大ちゃん！　カッコいい！」と声援を送るとガッツポーズで誇らしそうな笑顔で応えてくれました。

友だちの楽しそうな活動の様子や速くカッコよく走る友だちの姿など、集団での活動が大地くんの「走りたい」という意欲を引き出し、授業に自ら入っていった忘れられない場面でした。

一人では取り組めなかったことも、集団の活動が子ども一人ひとりの中にある「意欲」に訴えかけ、その気にさせてくれる場合も少なくありません。子どもたちの前向きなちからが、活動をより活性化し、充実させ、もっと楽しくするために約束事や規律が生み出されていきます。

そしてもう一つは、教職員集団です。大きく重い課題をもつ子どもたちとの日々は教師にも緊張を強います。そういう硬く縮こまった状況の中では、自分の従来の考えややり方以上のものを生み出すことは非常に厳しく、「思い込み」や「独善」「決めつけ」など、狭く硬直した世界から脱することは難しいです。それを溶かし、より豊かな考えや実践へと促してくれるのが、同僚である教職員集団です。いろいろな教師が関わることで、子どもの新しい一面を発見することができます。自分一人で抱え込まず、教職員集団で支え合い、励まし合い、知恵を出し合う関係の中でこそ、一人ひとりの教師も生かされます。さまざまな個性や考え方、ちからをもった多様な教職員が実践集団として自分の周りにあったことでこれまでどれだけ助けられたことでしょう。そして実践が拡がったことでしょう。私一人の実践などありません。これまでのどの実践も同僚に支えられ、子どもを真ん中にして知恵とちからを出し合った「私たちの実践」です。

7 子どもを真ん中にして支え合う集団をつくる

学校だけでなく社会全体が「責任はどこにあるのか」「誰が悪かったのか」と責め合い、暴き合うような情勢・雰囲気が強くなりました。「問題」行動が現れた時も「誰の指導が悪かったのか」と責めるよりも、今、誰だったらその子の苦しさを緩めることができるのか、と責任を分け合い、ともに負いあう可能性を探っていきたいものです。そうすることでたくさんの人の活躍できる場が増えます。保健室の養護教諭の先生しかり、校長や副校長などの管理職しかり、細かな生活の場面をみてくれている事務室の方、用務員の主事さんなど…自分とその子だけ、という孤立した二者関係に追い込まれ、動きにくくなった現状も、もう一人の教職員、いや教職員だけでなく子どもたちが入り三者関係になることで、これまでと違った多様で豊かな世界が生み出される可能性があります。

このことは、保護者との関係でも言えます。指導に行き詰まりを感じた時、保護者から聞く家庭での様子の中に実践のヒントを得ることは多いです。また、保護者も家庭という狭い空間の中で子どもとの二者関係にはまり、脱け出しがたくなることもあります。その時に、教師がその子の学校でのがんばりや輝く姿を伝えることで、保護者もまた狭く硬直した世界から脱け出していくきっかけをつかむこともあるのではないでしょうか。

現在、外部の専門家が関わるケースも増えてきています。専門家と連携するためのさまざまな課題はあるにしても、外部の専門家も主治医も就学前施設、保育園、学童保育の職員も子どもに関わるすべての人はその子の理解を深めてくれる大事な実践の支援者であり、伴走者です。子どもを真ん中にした関係性の輪を多様に豊かに拡げていきたいと思います。

課題の重い子どもたちとの生活や指導は、すぐには目に見える成長が感じられず、実践の見通しがもてず、焦る日々を送ることも多いです。それでも同僚・保護者・専門家・そしてなにより子どもたちに学び、どんな状況であっても目の前の「今」から何度でも出発できるちからをみんなで生み出していきたいものです。

8 「教育の目的」を頭において

指導の見通しがもてない時、自分の指導の方向性が揺らぐ時、私は教育基本法第一条の教育の目的を読み返します。

「教育は人格の完成をめざし、平和的な国家及び社会の形成者として、真理と正義を愛し、個人の価値をたっとび、勤労と責任を重んじ、自主的精神に充ちた心身ともに健康な国民の育成を期して行われなければならない」

子どものちからを最大限伸ばしたい、と思う気持ちは誰もが同じだと考えます。しかし、できるようになったことがその子の人格形成とどのように結びついているでしょうか。できるようになればよい、ということではないと考えます。わかること、できることが本人の喜びや自信となっているか、その子を自由にしているかどうかは、重要な指標だと考えます。できたか、できないか、ということよりも問われるのはできる方です。そこで子ども・子どもたちは何を学んだか。教師の強い思い入れと近道をさらに急ぐ指導で子どもを追い詰めていなかったか、自分の実践を振り返る機会をもつことが必要です。実践記録を書き、集団で分析してもらうことはこの点で非常に有効です。

パウロ・フレイレの「教育は一方的語りかけという病に陥っている」(『非抑圧者の教育学』ゆき書房一九七九年)という言葉に出会い、自分と子どもたちとの関係を鋭く批判されたように感じました。社会的にどんなにいいこと、大事なこと、守らなければならないことでも、教師だけの願いや思い、価値観だけを一方的に語りかけることであったら、それは指導として成立していません。私たちは子どもの主体性の大事さを言葉で説きながら、真の意味で子どもを生活の主体にしているのか、ということをあらためて、そして何度でも自らに問わなければならないと考えます。子どもを生活の主体にしないで、子どもが教師の、大人の思うとおりに変容することだけを強要することは日常的に起きていることではないか、と自戒を込めて考えます。子どもが生活の主体である、ということはどういうことなのか、具体的な生活や行為・行動から考えていく視点を忘れないようにしていきたいです。

障害を有する人々が自立生活の権利を主張した自立生活運動のスローガンに「Nothing About Us Without Us（私たちのことを私たち抜きで決めないで）」があります。障害を有するがゆえに、「判断能力がない」と暗黙のうちに思い込み、彼ら・彼女らの言葉を聞かない教員としての姿勢を鋭く自己批判するところから障害を有する子どもの教育が始まるとともに、子どもたちにも、自分はどうしたいのか、を考え、決定できるちからを、学校生活の中で培っていくことが重要であると考えます。

9 弱さ・苦しさ・トラブルをバネに集団づくりをすすめる

障害を有する子どもたちとともに、どのような集団をつくっていくか。今や、いわゆる「発達障害」の子どもが通常学級にいるのは当たり前の状況となりました。

時に拒否的・暴力的な姿、「問題」行動をみせる友だちに対してどうしていいのか戸惑っている子も多いのだと思います。そして、子どもたちはその子と教師の関わりをよく見ています。厳しい叱責、力ずくでの「問題」行動を制圧する方法ではなく、言葉による平和的な関わりや関係が結べている姿をみることで、自分もそうしてみよう、という関わりのヒントを得ることができます。これは逆も言えます。子どもたちが実に平和的に「問題」行動を鎮めている姿をみて、子どもから関わり方を学ぶことがあります。

ちょっとしたきっかけで怒りが、威圧的な言葉と暴力的な関わりが引き出されてしまう広樹くん。「もう、授業をやめろ」「やりたくないんだよ」と授業中に大きな声を出してしまう時があります。その時に、指導者が「授業中なんだから静かにしろ！」と広樹くんと同じトーンで応答することで、さらに暴言・暴力が引き出されてしまうこともしばしばです。そこではいったん授業を止めて「何が嫌だった？」「どうすればいいかな」「広樹くんは何かやりたいものがあるの？」等、静かな語りかけで応答することで、広樹くんの怒りのトーンが徐々に鎮まり、落ち着いていくことが多いです。そのような教員の関わりを友だちもよく見ています。

まず、教員自身が、障害を有する子との平和的な関わり方を意図的に見せていくことが重要です。障害を有する子はもちろん、周りの子どもたちも教師の姿から自分とは異質の他者との関わり方を学んでいくのだと思います。それは言うは易し、行うは難しです。教員も人間です。暴力的な行動に対して、自分の内なる暴力性が頭をもたげてくることも往々にしてあるでしょう。ここで必要なのが教職員集団の支えなのだと考えます。一人で何とかしようとしない。子どもの立場に立って考えようとするスタンスで、ていねいでねばり強い関わりの積み重ねから、やがて言葉が届きあう関係になることを目指し、関わりが難しいなかでも、何とかして平和的な方法でつながろう、関わりをもとうと懸命に努力するその姿を意図的に教師が見せていく過程そのものが集団づくりの一歩ではないかと考えます。

一番つらい姿をあらわしている子が大事にされているか、という視点で集団をみていくことでその集団の質が問われてくるのだと考えます。

特別支援学校では、「重度の子どもは学校の宝」と言います。「寄宿舎で障害の重い子が同室のため、わが子の育ちに支障をきたすのではないかと心配した母親に、『あの子（重度の障害を有する子）が大事にされんかったら僕かて大事にされんのやで』と子どもが答えている（青木嗣夫編著『僕、学校に行くんやで』鳩の森書房、一九七二年）」とあるように、重度の障害を有する子どもたちが大事にされる集団は、どの子もそれぞれが人としての権利を有する大事な存在として生活できる集団になっていこうとしているのだと考えます。

そこではどの子も大事にされようとしているので「あの子だけずるい」という考えを超えていくものの見方・考え方を育てていくことができるのではないかと考えます。自分が厳しい状況に陥った時には、友だちが大事にされるのと同じように自分も大事にされるだろう、という集団への信頼関係が育つからだと考えます。弱さは人と人とをつなぎ、一人では成しえない、さらにねうちのあるものに質的に高めていくことができる重要なもの、ということに気づきます。「弱くてもいい」ではなく「弱いからこそいい」ということになります。障害を有する子どもたちも、私たち教員もそれぞれ弱さを抱えつつ、生活・活動を通して突き付けられる自分の弱さと向き合いながら生きています。しかし、この弱さをかかえる自分だからこそ出会えた人があり、経験がある、と考えられる日々を積み重ねられたら、弱い自分と自分の人生を引き受けることがやがてできていくのではないでしょうか。障害を有する子どもたちが「この自分」を引き受け、自分で自分の生活をつくっていこう、と思える土台を学校教育で培っていきたいです。そのためにも、未熟な私は学び続けながら、弱い自分を引き受けつつ、少しでもましな自分・教師になるために、子どもたち、同僚に学び、頼りながら、一緒に「今」をこえていけたら、と考えます。

このように考えると、本当に困っている、生きづらさを抱えている子は実は他人の力を借りず、自分一人で何でもできてしまういわゆる「学校的良い子」ではないかと考えられます。いつもたった一人でやりきらせず、誰かと一緒にできた喜び、困った時に「困ってる」と声を挙げ、他者を頼ることによって成しえた経験の積み重ねは、人への信頼を高め、他者とともに世界を編みあげようとする平和的な社会の形成者へと育っていくのではないでしょうか。そのような経験こそ「学校でこそできること」ではないかと考えます。

何らかの助けを求めざるを得ない障害を有する子どもたちは、集団にとって大変重要な存在となります。

障害を有する子どもたちは、私たちの「通常」「普通」「当たり前」を問い返させてくれる存在です。既成の制度や概念をより多様な人々にとってもよきものとしてつくり変えていくきっかけを与えてくれる存在です。全国生活指導研究協議会で分析される実践レポートの中でも、発達障害の子どもが要求したものが、クラスの他の子どもたちの要求の代弁となり活動が豊かになった場面を読むことがあります。

発達に障害がある子どもたちは「人は違う、違うけれども同じである」ということを教えてくれ、社会をより民主的な方向へと導くきっかけを与え、ともによりよい社会をつくっていく重要な存在です。

何かを決めようとするとき、何らかの対立や衝突は決してなくならないでしょう。障害を有する子どもたちがいることで教師の予定通り進まないことも多々あります。しかし、だからこそ、それを契機に思いを聞きあい知恵を出し合い、より価値の高いものへと活動を、集団を発展させていくことができるのだと考えます。「障害を有する子どもたちがどの子も排除されずに生きる世界」は未だに実現していません。また、出会う子どもはいつも新しく、つくり出す世界には前例がないから、子どもたちとともに、傷つき、考え、ともに思いや要求を出し合いながらつくっていくしかないのです。

それは教師にとって確実に苦痛を強います。今までの自分では太刀打ちできない状況に立たされるからです。しかし、それは教師である私自身もこれまでの自分をこえて、新しく生まれ変わるチャンスでもあります。未だに見たことのない「ともにつくる新しい世界」。それは子どもたちにも、そして教師である私たちにも失敗がつきまといます。それゆえ、私たちには失敗する権利があり、そこからまた踏み出すチャンスが、子どもたちにも私たち教師にもずっとあるのだと思います。失敗することがいけないのではなく、失敗しないように、無理を強いてでも、誰かが傷ついても予定通りにすすめていくことの方が問題なのではないでしょうか。「静かで問題のおこらない集団は停滞しており、ゴタゴタ、矛盾、問題がつねにおこっていることこそ、集団を前進させることができる」（生活指導　私たちの教育課程研究　日本教職員組合編／一ツ橋書房刊　一九六八年）ということを教師自身が理解しており、どんなトラブルも指導のチャンスととらえられたら、日々起こる苦しみを伴う日常への足の震えも少しおさまり、一歩踏み出せそうです。

おわりに　喜びをちからに

重い障害・課題を有する子どもたちとの日々は、やはり苦痛や困難を伴います。内面の苦しさを泣いたり、暴れたりすることでしか訴えられない子どもたちの横で何もできずにオロオロするだけの自分によく出会います。「私はこの子に何もすることができない」という無力感が嵐のように胸に押し寄せてくることもしばしばです。この子どもたちと生活する一瞬一瞬が「お前はどうするのか」と私に鋭く問うてきます。「もうダメだ」と落ち込んでしまう時、いつもすくい上げてくれるのは、同僚であり、保護者であり、何より子どもたちです。

五年前の東北を襲った大地震の時、東京も大きく揺れ、電車が止まったり、かなり遅れたりしました。震災後初めて学校に向かった朝。始発に乗っても学校に着いたのは一〇時近くになってしまいました。子どもたちはもう登校している！　急いで教室に向かい、教室のドアを開くと、ゆうきさんが「キャー！」と満面の笑みで私に抱き着いてきてくれました。発声言語はなく、学年では重い障害を有する重度・重複学級に所属するゆうきさん。中学一年生の頃には喜怒哀楽も表情ではっきりと表すことが少なかった生徒です。

そのゆうきさんが、中学二年生の終わりのこの非常時に、私のことをこんなに思って、待っていてくれた。今日、遅れても会えたことを喜んでくれた。胸が熱くなる思いがしました。

「働きかけるものが働きかけられる」そんな相互応答的な日々の教育という営みの中で、ほんの小さな一言、ほんの小さな出来事に感動し、心がまた元気になる思いを、障害を有する子どもたちとともに生活する者はきっと感じているのではないでしょうか。喜びをちからに…子どもにひろってもらえる、保護者にひろってもらえる、同僚に支えてもらえる喜びを感じるからこそ、状況としては苦しい「今」から何度でも始め続けられるのだと思います。今、ここで、自分一人で何とかしようと思わず、人を育てるという長い教育の営みの中にいることを自覚し、焦らず、あきらめず、子どもたち・保護者・同僚とともに希望を語りながら進んでいきたいと思います。

かつて、障害の重い子ども、障害が重複する子どもたちは就学猶予・免除制度のもと、学校教育の対象外とされてきました。「重い障害を有する子が保護者におんぶされ、教室の窓から授業をみていた。その姿を見ながら授業をしている時は本当につらかった」「入学を希望する子どもを全員受け入れるべきかを連日夜遅くまで職員会議で議論した」「入学したい希望のある子は全員受け入れようと教職員集団で決断した時は感激した」など、初任校で、希望者全員就学当時の様子を聞くたび、胸が熱くなる思いがしました。養護学校の義務制実施は保護者・教職員など、関係者の強い要求運動により、一九七九年に実施されたばかりです。義務制実施前には、在宅不就学の重度児の死亡率は六・八%であったのに対して、義務制実施後は〇・三%に激減しています。この数字は「教育は子どもの命を守り強めるもの」であることを教えてくれます（大久保哲夫他編著『障害児教育実践ハンドブック』労働旬報社、三〇頁、一九九一）。義務教育は日本国憲法第二五条の「生存権」保障であり、障害の有無にかかわらず学び続けることは、憲法第一三条の「幸福追求及び自由権」を保障するものであることを証明しています。

教員である私たちは、子どもに、保護者に、広くは国民に直接責任を負いながら、子どもたちとともに、誰もが排除されない社会の実現、真に民主的な社会とはどのようなものかを障害を有する子どもたちに学びながら、追及し、つくり続けていく、そんな重くもチャレンジングな日々を過ごしています。教育と福祉の矛盾の最先端にいることでの軋轢は時に重く耐えがたいこともありますが、どんな苦しい状況下にあっても、子どもたちに、つくり続ける面白さと生きる喜びを、教員である私たちが表し続けられたら、と思います。そして、「私・私たちは今ある自分たちにとって苦しい状況を、つくり変えるちからをもっている」という経験を学校生活の中で、子どもたちとともに生み出しながら、即効を求めず、地道に歩んでいけたら、と考えます。

参考文献

清眞人著「創造の生へ―小さいけれど別な空間をつくる」はるか書房発行　星雲社発売、二〇〇七

柴田保之著「みんな言葉を持っていた―障害の重い人たちの心の世界」オクムラ出版、二〇一二

岩永竜一郎著「もっと笑顔がみたいから―発達がデコボコなこどものための感覚運動アプローチ」花風社、二〇一二

見田宗介著「まなざしの地獄―尽きなく生きることの社会学」河出書房新社、二〇〇八

全生研常任委員会編「新版　学級集団づくり入門　小学校／中学校」明治図書、一九九〇

中西正司、上野千鶴子著「当事者主権」岩波新書、二〇〇三

エヴァ・フェダー・キティ、岡野八代、牟田和恵著「ケアの倫理からはじめる正義論―支えあう平等」白澤社発行　現代書館発売、二〇一一

岡野八代著「フェミニズムの政治学～ケアの倫理をグルーバル社会へ」みすず書房、二〇一一

鈴木和夫著「子どもとつくる対話の教育～生活指導と授業」山吹書店、二〇〇五

浦河べてるの家「べてるの家の『当事者研究』」医学書院、二〇〇五

ジュディス・バトラー著　佐藤嘉幸＋清水知子訳「自分自身を説明すること　倫理的暴力の批判」月曜社、二〇〇八

竹内常一、佐藤洋作編著「教育と福祉の出会うところ　子ども・若者としあわせをひらく」山吹書店、二〇一二

第4章

特別支援学級・学校の役割と集団づくり

湯浅恭正

1　インクルーシブ教育と特別支援学級・学校

(1) 特別なニーズと今日の学校教育

① 特別なニーズのある子どもから学校を問い直す

わが国の障害児教育は、特殊教育と呼ばれてきた時代から、障害の特性を浮き彫りにし、分類する傾向が強く、それは特別支援教育と呼ばれる制度に変わってからも続いています。

特別支援教育は、二〇〇七年から始まった制度ですが、その頃から、いわゆる発達障害のある子ども（以下、発達障害児）の問題が取り上げられるようになり、そこに教育実践の目が注がれてきました。しかし、通常学級に在籍する発達障害児への支援が強調されればされるほど、その障害特性が際立たされて、「通常」といわれる子どもとは違う子どもなのだと理解する傾向も強くなりました。

発達障害の対象は、「発達障害者支援法」（二〇〇四年）に規定されています。しかし、私たちはいわゆる高機能自閉症児などに特化して発達障害を理解するのではなく、知的障害や学校に適応しづらい子を含む広い概念として理解してきました。例えば被虐待の子どもも、法律に規定された障害ではなくても、発達の基盤に重い課題をもつ、広い意味で発達障害に含めて論議してきたのです。

本論を障害の理解から始めようとしたのは、世界の特別ニーズ教育が、その対象について、障害に限定するのではなく、広くとらえて理解することを提起しているからです。この提起は、特別なニーズのある子どもを排除するのではなく、インクルーシブな世界をつくり出す意義を示したもの（サラマンカ声明、一九九四年）として知られています。

今、「インクルーシブな世界をつくる」と述べましたが、インクルーシブ教育をどう理解すればよいのでしょうか。

インクルーシブ教育は、「外国籍子弟、いじめ・不登校児、中途退学児はもとより、家庭の事情や友人関係から学習や生活上の困難さを抱え情緒不安を引き起こしている児童生徒、慢性疾患や病気回復期の子ども等、多様な特別なニーズ児を包摂する公教育」[1]と指摘されているように、その対象は広く、特別なニーズのある子どもを排除せず、包摂する教育を目指そうとするものです。

このように内外の動向に目を向けると、わが国の特別支援教育は障害児に限定する極めて狭いものになっています。もちろん、知的障害をはじめ、広汎性発達障害などの障害児に力点を置いて、そこに特化した指導の在り方を考察することは、特別なニーズ教育の重要な任務の一つです。

特別支援教育の時代になって以降、特別支援学級（以下、支援学級）・特別支援学校（以下、支援学校）に入級・入学を希望する子どもの数が増加しています。それだけ障害児のニーズに添った教育への要求が高まっているといえます。しかし同時に、通常の学級・学校が障害児を含む特別なニーズのある子どもの指導に十分対応できない現在の貧困な教育政策が透けて見えます。

通常学級・学校に在籍する障害児のニーズに対応することを謳ったのが特別支援教育の理念だったはずですが、現実の学校は、その理念を推進するための基盤整備をまともに進めていないことが示されているのではないでしょうか。

このことは単に通常の学級での障害児への対応に留まらず、先に指摘した発達の基盤に課題をもつ子への対応も不十分であることにつながっています。今、教室の秩序を乱し、問題行動を起こす子を排除する施策が大きく取り上げられています。いくら特別支援教育が「通常の学級での障害児への手厚い指導を」と主張しても、「通常」の子どもとは違う存在として障害児を排除する考え方が強くなっているのです。この傾向が、発達の基盤に課題のある子の問題行動＝排除という図式を支えています。

私たちは、世界の特別なニーズ教育・インクルーシブ教育が提起したように、障害児に限らず生活と発達の基盤に重たい課題を抱えている子どもたちが排除されずに生きられる世界をどうつくり出すのかを生活指導実践の柱にしてきました。それはこうした子どもの課題に光を当てることによって、すべての子どもたちが願う幸福追求の権利保障に今日の学校教育はどう対応しようとしているのか、その課題を浮き彫りにしようとするからです。

②インクルーシブ教育の場としての特別支援学級・学校

一般にインクルージョンは「包摂」とされる用語ですが、その語感からは、どうしても「包み込む」というイメージがぬぐえません。通常の学校・学級に「包み込む」実践がインクルーシブ教育ではないはずです。障害のある子を含めて特別なニーズのある子どもに対応する多様な教育の場に通底する生活指導の論理を探るところにインクルーシブ教育論の意義があるのです。

しかし、インクルーシブ教育を通常学級・学校の課題だと理解する傾向は今でも少なからずあります。支援学級・学校はインクルーシブ教育とは別の枠組みにあるわけではありません。「特別なニーズ教育とインクルージョン」を提起したサラマンカ声明においても、特別なケアへの権利を保障する意義が指摘されていることからも明らかです。

ここでいう特別なケアへの権利を保障するとは、障害・発達・生活において多様な困難さをもちつつ生きている子どもの存在が認められ、居場所が保障されて、発達要求に応える場をつくることです。一九七九年に養護学校義務制が実施されて以降、在宅不就学の児童の死亡率が激変したという事実は、特別なケアを保障する学校教育の場が、障害児の発達と生存にとって重要な役割を果たしてきたことを示しています[2]。

このように障害児を生存と発達要求の保障に開いていくという意味で、特別なケアの場はインクルーシブ教育の一環に位置づくものです。支援学級・学校が教育的機能とともに福祉的機能をもつと言われてきたのもそのためです。

しかし、通常学級とともに特別支援学級・学校の教育条件をめぐっては、例えば児童生徒数の増加にも関わらず、過密な状態を放置してきた支援学校への貧困な政策が今なお続いています。また、支援学級は、未だに通常学級に適応できない子どもの支援の場だという考え方は少なくありません。

「障害者権利条約」(二〇〇六年)が採択・批准された今日、いわゆる「合理的配慮」への対応が盛んに議論されています。支援学校の教育条件の整備や支援学級へのまなざしを含めて、差別のない「合理的な配慮」を実質化し、教育実践の基盤を確かなものにすることが問われているのです。

(2) 障害児教育実践をめぐる今日の動向

支援学級・学校での集団づくりが目指すのは、障害児の社会性の発達を促し、自立の力を育てることであり、それは特殊教育と呼ばれてきた時代から教育実践の基本であることに変わりはありません。

しかし、この目指す目標には時代の影響を受けて多様な議論が展開されてきました。以下では今日の障害児教育実践の背景にある流れをいくつか指摘し、それと集団づくりとの関係を考えてみます。

①キャリア形成と自立活動

わが国の障害児教育は、特に就労を中心にした社会的な自立の力の形成を教育実践の目標に掲げて取り組まれてきました。この目標は、今日では「キャリア教育」をテーマにして展開されています。

もちろんキャリア教育は特別支援教育だけの課題ではなく、広く今日の教育実践に要請されているものです。よく知られているように、「人間関係形成能力」「情報活用能力」「将来設計能力」「意志決定能力」がキャリア形成の柱にされ、進路形成を目指すカリキュラムづくりが進められています。[3]

しかし、障害児に対しては特にキャリア形成を意識した取り組みが際立っているように思えます。支援学校では小学部から高等部までがキャリアの発達に向けたカリキュラムを編成し、学習指導要領の一領域である「自立活動」が教育実践の中心になっている事例は全国的に見ても少なくない傾向です。特別支援の教育政策が、知的障害者の就労に資するための指導内容・方法の重点にキャリア発達を置いていることも、全国の実践に影響しています。そして、私たちが大切にしてきた「集団づくり」に関わる目標（人との関わり・協力・社会のルールの理解）が示されています。

こうしたカリキュラムづくりと教育政策の動向は、端的に言えば、社会性に必要な力を能力・スキルとして抽出し、それを早く身につけさせる教育に傾斜する特徴をもっています。「個別の指導計画」にそってキャリア発達に必要な能力が要素として抜き出されて指導され、その定着度が評価されています。この考え方が教育実践の主流になっています。

では、そもそも子どもにとってのキャリア形成の意味をどう理解すればよいのでしょうか。キャリア形成を目指す取り組みは、学校の時代を通して次第に自己を理解し、仲間との生活を通して生き方を学んでいく生活指導の営みを媒介にして進められるものです。この指導は、単に今日のキャリア教育が強調するような要素に分解された能力の形成だけではなく、人格の形成と切り結んで、ゆっくり、じっくりと取り組まれていくものです。

子どもにとってキャリアとは、自身にとってのカリキュラムであり、周りのヒトやモノ（環境）に主体的に働きかけ、自己を形成していく学びの過程に注目することが何よりも必要です。全国で展開しているキャリア教育の具体的な指導では「自己決定」「自己選択」できる場面をつくり出し、こうした力を育てることが主張されています。多くの実践事例を見ると、自己決定などの言葉が躍り、こうした力を身につけさせることができたと評価する記述が目立ちます。

しかし、このような力が身につくためには子ども自身が迷い、失敗し、ジグザグしながら進む息の長い取り組みが必要です。自己決定や自己選択の力の育ちには、発達論で指摘されてきた「自我形成」「自制心の形成」「自己客観視の力の形成」といった人格の形成＝自己形成と切り結ばれた能力形成が土台になくてはなりません（渡部昭男『障害青年の自分づくり――青年期教育と二重の移行支援』日本標準、二〇〇九を参照のこと）。

このように考えると、今日のキャリア教育の流れは、人格形成の視点を軽視して、能力主義的な立場に位置するものだといえます。しかも、「要素主義的行動変容型指導[4]」として批判されているような、キャリア発達を障害児の目に見える行動の変容の視点でとらえて指導する特徴をもっているのです。

学習指導要領で「養護・訓練」という指導の領域から「自立活動」に転換した背景には、障害児に必要な諸能力の形成だけではなく、主体的に環境に働きかける力に視点を置こうとする意図があることはよく知られています。そのことを前提にしつつ、自立活動とその指導を通したキャリア形成の実践が、能力主義的な方向に傾斜することはないのかどうかの検討が求められています。支援学級・学校における集団づくり論を問う視点として留意したいからです。

②障害児の主体形成と参加

①で今日のキャリア形成を背景にした実践動向の陥りやすい問題点を指摘しました。そこには、作られたキャリア＝進む道筋＝にそって効率よく、道を踏み外さずに歩むことを目指そうとする考え方があります。この考え方を克服して、社会参加に開かれた障害児の主体を形成する集団づくり論を展開することが、今求められています。

障害児（者）を社会参加に開く視点として、この間注目されてきたのが、国際生活機能分類（以下、ＩＣＦ）の提起を基にした実践の展開です[5]。

よく知られているように、今から三〇年以上前の国際障害分類（一九八〇年）の考え方を転換して、人々（障害者）を「活動」と「参加」の主体として位置づけようとしたのがＩＣＦの考え方です。個人因子とともに特に環境因子が人々の生活の質に関与するとして、活動し、参加する主体形成に必要な環境の整備に注目した分類として理解されてきました。

このような国際的な動向を背景にして、障害児の教育実践においても、子どもたちが活動に踏み出し、「できる」状況をつくる環境の構造化に力点が置かれるようになってきました。

一例をあげれば、生活習慣の自立を目指す支援学校の指導で、登校してから自分の靴の履き替えの場所までを導線で示し、それによって間違うことなく履き替えの場所にたどり着くことを目指す取り組みがあります。間違わずに生活の自立ができる状況をつくることが実践の焦点にされ、そこに障害児の主体としての社会参加の姿を評価しようというわけです。

筆者が学んできた近畿の教師たちの生活指導の方針の一つに、子どもに「負けない指導」が重視されたことがあります。もちろん、それは子どもを力で押さえつけるといった意味ではありません。明らかに意味のない、反感を買うような環境（例えば朝の会で長々と話すことなど）は避け、その次元での子どもとのトラブルとその対策に終始することが教育実践の本質的な課題ではないという考え方です。

指導において、しなくてもいいトラブルを避けるための場（環境）を設定することは大切です。しかし、子どもたちがともに暮らす生活では、いろいろなトラブルが起きることはいうまでもありません。このトラブルを契機にして社会参加の主体としての力を育てる、そこに生活指導の意味があったはずです。

トラブル（問題行動）の背景には生活への要求（ニーズ）が示されています。しかし、一般には子どものニーズが指導者の側で都合よく理解されて、それを教育目標にする傾向が強くなっています。吉川氏が指摘するように、「実践情報を網羅的に収集し、ICFの構成要素に即して再構成すれば、個人のニーズに対応した教育目標が設定されるかのように考えられている[6]」からです。

表面に現れた社会的なスキルにだけ注目して、効率よくスキル形成を目指すのでは、子どもの主体的な要求（ニーズ）を理解することはできません。まして、人格的な主体としての子どもの内面の世界―生き方の世界―にまで踏み込んでニーズを理解することに思いを馳せることはできません。

ただ、この社会参加の主体という人格形成の課題の設定には、子どもたちの表面的な行動の変化だけではなく、内面の育ちを含めた課題を含む複雑な要素を視野に入れなくてはなりません。それだけに先に取り上げたICFをめぐっては、人格形成という目標と評価に対して、それが抽象的・印象的にとらえられるという危険は免れません。

この危険を承知の上で展開されてきたのが生活指導ですが、子どもの人格や自我という把握しにくい側面を「生活機能モデルに埋め込まれた客観的な事実・事象から読み解いていく過程(7)」に注目すべきだという提起もされています。主体形成論や人格形成論を障害のある子どもの生活の事実・事象から読み解いていくという考え方です。それは実践分析の作業として私たち全生研が特に重視してきたものでもあります。

障害児の生活の機能・質をどうとらえ、とりわけ子どもたちが参加し、生活している集団の在り方に注目して、生き方をともどもに探ることによって、主体の世界に迫ろうとする生活指導本来の意義を確認することによって、ＩＣＦが提起した論理を教育実践の論理として引き取ることができるのだと考えます。障害児の集団づくり論の基礎としてＩＣＦを正当に位置づけることが必要です。

そこで次節では、全国生活指導研究協議会（以下、全生研）における障害児の集団づくり論の探究を振り返り、改めて集団づくりと生活指導の意義を確かめてみます。

(3)障害児の集団づくり論の展開

①集団づくりの枠組みの提起

全生研における障害児の集団づくり論の探究は、当初は障害児教育諸学校での寄宿舎教育を中心に進められてきました。寄宿舎の寮母（当時）による生活づくりを中心課題に据えて、部屋集団を基礎にした集団づくりの実践です。

その成果を踏まえて提起されたのが一九八〇年代の『障害児の集団づくり』（全生研常任委員会編、明治図書、一九八四）です。そこで主に提起されたのは、第一に自立論です。社会的な適応を目指す自立像とともに、「統治能力の要素としての保護・介助を求める能力」「集団的権利主体としての自立」など、自立概念の問い直しが積極的に試みられました。これらは、今日ますます強くなっている自己責任としての自立論の枠組みを批判する論理を早くから提起したものでした。

同時に、集団づくりの実践を進める視点として、「集団のトーン」「交わりの教育」「自治」「集団編成」が掲げられて、身辺の自立の指導を中心に集団づくりを進めるための枠組みを示そうとした点で先駆的な著作だと考えます。

一九八〇年代には「自由と交流」「子ども相互の仲間関係」「響きあう関係」「民主的な行動と規律」を柱にした障害児の生活教育論も提起されていましたが[8]、全生研の取り組みは、自治の指導を正面から取り上げて、自治的な集団づくりの具体的な方法を障害児教育の分野で提起したものでした。

同時に、一九八〇年代には学校教育における子どもの発達課題の状況（交わり能力の未熟さや発達のくずれ）に呼応して、自治的集団の形成を、発達の課題や交わりの質に注目した集団づくり実践全般の課題と関連させて障害児の集団づくり論を探究したのも特徴です。

ただ、子ども集団を形成する媒介としての文化論や授業づくり論を含めた集団づくりの視点は未解明の課題として残されていました。また障害児学級（当時）における集団づくり論の展開もこの時期にはまだ十分には取り上げられてはいませんでした。

②発達のもつれをもつ子どもと集団づくり

先に述べたように一九八〇年代の学校は、校内暴力・いじめ・不登校といった状況への対応を迫られていたのですが、全生研は「発達のもつれのある子ども」を実践の主題に取り上げて、その成果を示しました（全生研常任委員会編『発達のもつれを持つ子どもの指導』明治図書、一九八七）。そこでは主に粗暴・引きこもりなどの集団的に不適応症状を示す子どもをめぐって、通常学級における個人指導と集団指導の論理を整理し、こうした子どもたちを切り捨てない学校とは何かが探究されました。

ここでいう「発達のもつれをもつ子ども」とは、・親や教師が集団への参加も個人の自立も要求しなかったために浅い社会的関係しか結べない子ども、・親の要求が分裂的・暴力的・衝動的であるために、人格の発達のもつれをもつ子ども、・親や教師や学校の要求に飲み込まれてしまい、自立化・個性化を果たすことのできない子ども、・障害のある子ども、として特徴づけられています[9]。

いわゆる障害児だけではなく、発達の基盤に重い課題をもつ子どもを含めた集団づくり論の提起は、今日のインクルーシブ教育論につながる論点を突き出そうとしたものでした。同時に「併設障害児学級（当時）」の実践についても取り上げられるようになり、障害児の集団づくりの実践がいっそう広く総括されるようになったのも特徴として挙げることができます。

③インクルーシブ教育の展開と集団づくり

一九九四年のサラマンカ声明を契機にして展開され出したインクルーシブ教育の流れに呼応するように、全生研は学校教育の総体から障害児の集団づくり論を問いかけていきました。

その一つが障害児学級の集団づくり論の展開です。それは①で指摘したように、既に八〇年代から少しずつ取り組まれてきた課題ですが、それを踏まえて障害児学級の実践を総括したのが『ひとりひとり輝き、共にのびる』（全生研常任委員会編、明治図書、一九九三）です。

そこでは少人数化する障害児学級、他方では多様化する障害児学級の現状が指摘され、障害児学級が「教師と子どもたちとの信頼で結ばれた基礎集団」として確立することの意義が議論されています。そして、通常の学校の中で少数派でありつつ、障害児学級の取り組みを全校に開いていく実践の構想を提起したのが特徴です。学校づくりの一翼を担う実践の場としての障害児学級の位置づけを明確に示そうとするものでした。

同時に、医学的には取り上げられてはいたものの、当時はまだ教育実践の課題としてほとんど注目されていなかった学習障害児（ＬＤ）を含む通常学級の集団づくりの実践とその意義も取り上げられています。

先に指摘したように支援学級の場はインクルーシブ教育を担う役割を果たしています。その意味で今から二〇年前の集団づくりの成果は、支援学級の取り組みが学校づくりにとっての重要な位置づけにあることを提起し、インクルーシブ教育を進めるための基本的な視点を示していたといえます。

この間、「子どもとの共同」「教師との共同」「親との共同」が特別支援と生活指導の柱として提起され、共有されてきましたが（大和久勝「学級・学校における特別なニーズを持つ子と集団づくり分科会基調」『全生研第五四回大会紀要』二〇一二）、その萌芽となる視点を示したものでした。

その後、二〇〇七年の特別支援教育の制度開始を契機にして通常学級での障害児の指導が大きく取り上げられるようになり、全生研の取り組みもそこに集中していきました。それは生活指導・集団づくりの実践が小学校・中学校、そして学年や地域を問わず障害児を含む実践を課題にしてきたように、特別支援の課題が特別なものではなく、現代の学校教育の重要な課題であることを提起していました。

もちろん、そこにはいわゆる障害児だけではなく、一九八〇年代に指摘された発達のもつれを持つ子どもを含む生活指導・集団づくりの課題がいっそう浮き彫りにされていったと考えます。

こうした視点から全生研は、二〇〇八年には『困っている子と集団づくり』（大和久勝監修・湯浅恭正編、クリエイツかもがわ）、『発達障害といじめ・暴力』（大和久勝監修・楠凡之編、クリエイツかもがわ）を世に問いかけました。これらはインクルーシブな世界をどう学校に創造するのかについて集団づくり論からの積極的な提起でした。また、「はじめに」で述べましたが、大和久勝編『困った子は困っている子』（クリエイツかもがわ、二〇〇六）は、特別支援教育の制度開始を前にして「困った子」の理解を当事者の視点から問いかけ、生活指導・集団づくりの実践が求められることを先駆的に提起したものでした。

以上、全生研における障害児の集団づくり論の展開をスケッチしてきましたが、インクルーシブ教育への問いかけが進められる中で、今、支援学級や支援学校の教育への期待が高まっています。それだけに、こうした場の教育をめぐって、全生研の集団づくりの論点を踏まえた生活指導をどう展開するかが改めて問われています。

2 特別支援学級・学校の集団づくりを構想する視点

私たちが障害のある子の集団づくりを構想するのは、単に人間関係を良好にするための社会的なスキルを形成しようとするからではありません。彼らの人格的自立を励まし、同年齢の市民と同等の基本的権利をもつ主体（「障害者の権利宣言」一九七五）になるための基礎を培おうとするからだと考えます。こうした立場から集団づくりの今後の方向を展望することが求められています。

(1)自分づくりの過程と集団づくり

①権利保障をめぐる節目

よく知られているように障害のある子どもの権利保障の取り組みには大きな節目がありました。

第一に一九七九年の養護学校義務制実施への取り組み、第二には特別支援学校高等部への進学保障、そして第三に一八歳以降の障害のある青年の学びの場の保障として進められてきたものです。

いずれも教育と福祉（生存）を結合し、障害のある子どもの学びの場を保障するとともに、自分づくりを励ます場を保障しようとするものでした。社会的な適応を主な課題にしてきた障害児教育の流れに対して、当事者である子どもたちの生存と自立という普遍的な権利保障の課題を念頭に置いた運動です。特に第三に指摘した運動はまだ緒についたばかりであり、長い学校生活の中で植えつけられてきた否定的な自己から肯定的な自己理解に至るプロセスを支援する実践が今、全国各地で積極的に進められています。

このような節目を振り返ると、障害児の人格的自立を目指す教育の課題は、一貫して自分づくりを軸にして探究され、展開されてきたといえます。

②自分づくりのサイクル

では、具体的にはどのような取り組みがなされてきたのでしょうか。

ある支援学校の「自分づくり」の取り組みは図（次ページ）のように示されています(10)。

ここには、小学部段階において自分の周りの世界に関心を寄せ、憧れをもち、それが主体的な自我や自己の発揮、そして達成感・自己肯定感に発展するという自分づくりのサイクルが示されています。注目すべきは、支援の軸に自分の思いを伝える状況をつくることや、失敗してもその思いをていねいに聴き取る姿勢が示されていることです。もちろん活動への見通しをもたせるといった工夫や友だちとの交わり方のスキルを指導する点も示されてはいますが、全体として自己の存在を支える教師の働きかけが軸になっていることを見逃してはなりません。

資料３－②
平成 22 年度

小学部　４年　Ｈ　　自分づくりの段階：他者を受け入れようとする自我と自己主張の矛盾拡大の時期～自己形成視獲得の時期

小学部入学当初

・初めての場所，初めての活動が苦手で動きが止まる。
・突然の予定変更や自分の思いと違った時に泣き出す。
・くじけた時の立ち直りに時間がかかった。

認知の高まり
コミュニケーションの力の向上

２年生
・校医の質問に言葉で答えることができた。
・一人でのバス登校ができるようになった。
・便座での排便ができるようになった。（以前は紙パンツに排便）

大きな自信

３年生
・自分の思いをうまく表現できずに涙ぐむことがあるが、年下の友だちに嫌なことをされても我慢したり、気持ちを伝えたりすることができるようになってきた。
・安定した学校生活を送ることができるようになり、居住地校との交流を始め、５回行った。
・自信がついてきたことによりできることも増え、友だちの憧れの存在にもなった。

小学部～自信をふくらませて～

現在（小学部４年）の姿

主体的な自我・自己の発揮
・不安を感じながらも，教師や友だちに励まされ，頑張ろうという思いを持つ。
・練習して上手になろうとがんばる。

達成感・成就感
・一人でできたこと，新しくできるようになったことに喜びを感じる。
・教師や学部の友だちから賞賛を受け，喜びがさらに増す。

自己肯定感
・次もがんばろうという意欲を持つ。
・やったらできるじゃないかと自分に自信を持つ。

憧れ
・おもしろそうという思いを持つ。
・クラスや年上の友だちを見て○○君みたいにやってみようという思いを持つ。

くじけた時
・解決方法や次はどうすればよいかを教師と一緒に考え，落ち込んだ気持ちをふっきる。

人との関わり（教師，友だち，家族）

ほかほかパーティーを終えて
・縦割りグループ活動を繰り返すことで、自分の思いや意見を友だちに伝えることができるようになってきた。
・グループでの相談の仕方がわかってくると、相談をリードしようとしたり、友だちの意見を聞こうとしたりする姿も見られるようになった。
・劇の台詞を上手に言えるようになろうと、宿題の台本練習に毎日取り組むことができた。友だちの動きのよいところを見たり、教師のアドバイスを受け入れたりしながらよりよい演技になるように頑張ることができた。演技のよかったところを教師や友だちから賞賛されることで、自信を持ち次の練習に取り組むことができた。パーティー本番でも、小学部の友だちの前で堂々と演技することができた。

支援の工夫　（○集団づくりの視点）
・見通しをもって取り組むことができるよう，スケジュールや手順を知らせる。
・常に見守り，できたことへの賞賛をしたり、つぶやきを拾って自信をもてる声かけをしたりする。
・くじけてしゅんとなった時には理由を聞き，なぜそうなったかを一緒に考えたり，解決方法をアドバイスしたりする。
・経験の幅を広げていけるよう，様々なことに挑戦できる環境を作っていく。
○自分の思いをしっかりと伝えることのできる状況を作る。

中学部

高等部

自分づくりを視点にした支援学校の集団づくりにおいては、教師が集団の外側からではなく、子どもたちの中に入り、個人の思いを聴き取りながら、仲間につなげていく指導が求められています。それは、私たちが大切にしてきた「個人指導と集団指導の統一」という生活指導の原則に立つものです。

小学部の段階では特に遊びを中心にして子ども相互の関係を築くのが指導のポイントですが、そこでも、教師が、ある子どもと一緒に遊ぶ様子を見てその世界に次第に参加するのを期待するといった集団づくりの見通しをもつことが求められます。

自分づくりの重点は小学部の段階から中学部、そして高等部へと進む過程で変化していきますが、先の学校の事例では自分づくりのサイクルの基本的な枠組みは変わってはいません。高等部の段階になっても、専攻科の受験のための校医検診で「僕は大丈夫ですか、どこかおかしいところはありませんか」などと問いかける様子が紹介されています。[11] それだけ障害のある子どもたちは、学校時代を通して自分づくりの課題を引き受けているのだと考えます。その意味で、先に指摘した「思いを聴き取る個人指導」は青年期に至る段階においても求められるものです。

ただ、思春期から青年期になると、「生徒同士の関わりを大切にし、……大人の目を気にしないで安心して仲間とのやりとりができる雰囲気や場を大切にする」ことが集団づくりの視点として強調されています。ここからは、障害のある者同士の交わり＝青年期に生きる仲間との交わりという社会形成＝社会づくりを視点にした取り組みの意義が示唆されます。

③「自己」を綴る営み

障害児の自分づくり・主体の形成にとって自己理解の力を形成することは重要な課題ですが、自閉症研究者の別府氏は、「自己感」の形成に注目し、自己を表現する取り組みの必要性を強調しています。[12]「自己肯定感」の意義はよく議論されてきましたが、その土台ともいえる「自己感」にまで視野を広げて自閉症の子どもの発達課題を示したものです。

そこで指摘されているのが自分の気持ちを表現するための「綴る」行為への注目です。

自閉症の障害特性から「自己」を意識することの困難さに対応するために、自己を意識化する手段として「綴る」行為に注目した点は、生活指導実践が重視してきた生活綴方教育の論理を踏まえたものだといえます。それは作文─綴り方という教育方法を通して子どもたちに自己を意識化させていく指導の論理です。子どもの綴り方をもとに教師もともどもに子どもの生活を意識化しようとした取り組みです。

もちろん、この原理に立つ教育方法をそのまま障害児の指導に援用することはできません。しかし、特別支援学級・学校を問わず、自閉症の子どもへの対応が集団づくりの重要な課題となっている今日、自分づくりの基盤となる「自己」への意識という基本的な発達課題を正面から据えることの意義、そして障害のある子どもたちの声を聴き取り、対話を通して自立=自分づくりを励ます指導の意義を確かめることができます。

(2)自分づくりを支える居場所の形成

障害児の自立=自分づくりの過程は、教師の「個人指導と集団指導」を軸に展開しますが、それは言い換えれば、障害児が自分にとっての居場所を探し、発見することを保障する指導を通して達成できるものです。では居場所づくりとはどのような構造をもつのでしょうか。

①共感的他者としての居場所

居場所は、単に空間・場所という意味ではなく、自分づくりを支える人＝共感的他者の存在を指しています。(1)で指摘したように、自分づくりのサイクルを支えるのはこうした共感的他者としての教師の存在だからです。

支援学校の平林実践(13)では、中学部の自閉症児の「問題行動」（朝、登校するが教室に入らずに美術準備部屋で教材の発泡スチロール板を削る、他人のものを盗む）に対して、それを咎めて修正する取り組みを始めるのですが効果は出ません。

そこで指導の方向を改めて、・彼の困った行動につきあい、一緒に片付ける場を共有する、・否定的な指示に対する拒否する姿が多く、こちらの意図が伝わる指示に心がけることに力点が置かれました。いずれも、「困った行動」を否定し、咎める相手ではなく、居場所としての教師を発見させようとする取り組みだといえます。

支援学級の熊本実践(14)では、朝、学級に入ろうとする教師を驚かそうと待ち伏せする子どもの思いを受け止めることから集団づくりがスタートします。この教師の姿勢にも、支援学級でともに暮らす教師が子どもたちにとっての居場所になっていることを示しています。

こうして居場所としての自分を子どもに発見させようとする教師たちは、いったい何を契機にその大切さに気づいたのでしょうか。

先の支援学校の平林実践では、人間関係をつくることが難しいとされる自閉症児が、友だちとじゃれあう姿にヒントを得て、適度な距離を保ちつつ身体での交わりを楽しむことを指導方針にしています。もちろん、感覚過敏などの障害の特性には配慮しつつ、自分の存在を認めてくれる共感的他者の姿を見せる指導を貫こうとしたからです。

先の熊本実践では、モノにこだわるといわれる自閉症児に対してコトバで関わりつつ、人を意識し、人との交わりの心地良さを実感させようとする指導方針が土台にありました。

障害の特性を考慮するだけではなく、教師が子どもの生活に参加し、相互が信頼で結ばれた関係を構築するという生活指導の原則に立つ取り組みが居場所づくりのポイントになっています。平林実践では、「彼との関係ができて、私に甘えるような行動が出てくるようになってからは、パニックもめっきり減り、掃除道具を持ちだして片付ける仕草も見られるようになってきた」と指摘されています。そこには、自分を受け止めてくれる教師を子ども自身が受け止める関係が育っているのだと考えます。そして、自分をコントロールする自制心の育ちも示唆されます。「我慢する力」といわれる自制心も、実はこうして甘えられる信頼関係を土台にして自分と向き合う力が育つ中で形成されることを見逃してはなりません。

②居場所を選択する

第二のポイントは、子どもにとって居場所は「あてがわれるもの」ではなく、「自分で選びとるもの」だという点です。平林実践では、障害児の得意な絵に注目し、教室に「絵描きコーナー」をつくるのですが、このコーナーには興味を示さず、居場所にならなかったのです。それはコーナーが「与えられた場所」だったからです。

今、「障害児のマイナスな面に注目するのではなく、プラスの得意な面を活かした指導を」という指摘がよくされています。しかし、自分の能力を発揮する場所そのものが単に「あてがわれた」ものであるとき、それは子どもには届かない点に留意することが必要です。

では、障害児が「居場所を選びとるとき」とは何でしょうか。その鍵は、その空間が安心のトーンに支えられているかどうかにあります。少し前になりますが、発達にとっての「溜」の意義が指摘されたように[15]、支援学校であれ支援学級であれ、生活する空間がまさに「溜まり場」となる安心の場でなければ、障害児はそこを居場所として受け止めることはできません。

筆者が接した支援学校の事例ですが、担任している子どもだけではなく、登校してきた場面やお昼休みなど授業以外の場で子どもたちにゲームを仕掛けて応答関係をつくろうとする取り組みがあります。その教師は、単に学習のための学校というのではなく、教師や仲間とともに楽しむ場が学校だという意識を育てようとしています。学校を生活の糧として位置づけようとするからです。

そもそもこうした生活の糧となる学校づくりという発想は、障害児の教育では「生活単元学習」としてカリキュラムに構想されてきたものです。障害児に学校を楽しみにする生活を選択させようとした点に生活単元学習の原点があります。こうして学校生活全体を通して楽しみのある生活をつくる、そこに居場所づくりの原則があるのだと考えます。

歴史を振り返れば、病弱の養護学校として取り組みを進めてきた大阪・貝塚養護学校の実践には、多様な生きづらさのある子どもたちに対して居場所としてその学校の生活を選択する力を育てようとした視点が示されています[16]。こうした歴史的成果に改めて学ぶことが必要です。

③居場所をつくる活動

第三に、居場所をつくるには活動の質が問われます。先にあげた生活単元学習の展開もその一つです。キャリア教育や自立活動を特に推進しようとする今日の実践の流れは、本来子どもたちの学びの履歴を豊かなものにするという発想に立つべきなのですが、本論の最初に触れたように、どうしても取り組みは社会的な適応に重点を置く傾向にあります。特別支援学校では、その傾向が顕著になっているのではないでしょうか。

ＰＤＣＡサイクル論で障害児教育の実践を計画―評価する傾向とも相まって、生活単元学習の成果が強調されたりします。しかし、本来生活単元学習は、生活を意識し、自分たちの生活に必要な内容を計画し、評価する力を育てようとするものであり、ＰＤＣＡのサイクルそのものを意識することは子どもたち自身の課題のはずです。その意味でも、生活単元学習が子どもたちの居場所―生活づくりにもつ意義を改めて押さえることが必要です。

全生研の障害児学級実践の成果についてはすでに触れましたが、障害児学級を基礎集団として形成し、全校の子どもの参加に開かれた活動を展開する核に「〇〇プロジェクト」などの生活単元学習が位置づき、それが居場所づくりの媒介になる活動である点を評価することが求められています[17]。

活動論では、「ものづくり」「作業学習」の流れに位置づく教育実践の展開も、居場所づくり＝集団づくりの視点から問い直すことが必要です。「ものづくり」では染物などの活動がよく取り上げられてきましたが、制作した作品をバザー等で販売するといった生活単元学習の一環として展開する事例が多いのも特徴です。そこでは長期的な見通しのもとで子どもたちが計画を立て、交わりながら自分たちの集団を形成する指導がどれだけ意識されているかが問われます。

また「作業学習」は、伝統的に職業に結びつく視点から指導されてきましたが、人格的な自立の視点から、目的を意識し、失敗を許容しながら、自己決定の力を育てる指導方針のもとに展開してきた事例に立ち帰りながら、そこに子ども集団がどう形成されていったのかを検討することも必要です。

かつて城丸氏は、仕事・労働の教育について、特定集団内の有用性を目指す仕事と、特定集団を越えた有用性＝労働のそれとを区別したことがあります。[18] 特定集団内とは、学級・学校内の集団を指しています。近年の作業学習論は、ともすれば労働の世界に性急に導こうとする傾向にあります。もちろん、労働の世界の探究は学校教育において必要な課題です。しかし、多くの実践論が指摘してきたように、「全力を出しきる」「失敗してもやり直す」「みんなでやり遂げたという達成感、充実感を大切にしたい」といった集団づくりの視点が忘れられてはなりません。そのためには作業・仕事の指導においてともに暮らす自分たちの集団にとっての有用性の意識をどう育てるかがポイントです。

日常の生活でも、例えば、係活動などの役割を通した集団づくりの意義を改めて問い直したいと思います。タブレットなどを用いて係の活動を支援する取り組みも近年では多くなってきました。

しかし、それはコミュニケーションの苦手な側面を支援するということだけに焦点があるのではなく、他者とのやり取りを体験する楽しさとともに、自分たちの生活に必要な係活動を担うという役割を意識させようとするからです。コミュニケーションをとること自体が目的ではなく、多様なツールを用いた他者とのやり取りの必然性が認識され、役割・見通しをもって学校生活を送り、ともに暮らす教師や仲間との関係を豊かにすることが忘れられてはなりません。

先にあげた熊本実践では、教師を驚かそうと遊び的世界の楽しみを体験したことを契機にして、教室に隠れる場所をつくる活動が展開されています。段ボールで基地をつくる遊び活動の展開です。この基地はただ子どもが相互に遊ぶだけではなく、相互のトラブルも引き起こすことにもなります。

実践では基地を壊すドラブルが起き、壊された子どもが相手に抗議する場面が紹介されています。それが「自分の気持ちをぶつけることのできる相手の誕生」と特徴づけられています。自閉症の子どもが単にモノの世界だけではなく、他者との関係を切り結ぶ契機として、どのような活動が必要なのかが示唆される取り組みです。

このように日常的な係や遊びといった活動場面を通して学校・学級が、トラブルを大切にしながら、仲間とともに暮らす居場所になる活動の構想が求められています。その際、日常の生活とともに、「遊び」の指導を意識的にカリキュラムに位置づけて、そこに子ども相互の交わりを形成する媒介になる「遊び文化」をどう構想していくかも支援学級・学校を問わず留意したいポイントです。

(3)特別支援学級・学校の授業と集団づくり

通常の学校において「授業と集団論」は重要な課題として探究されてきました。学習集団論を中心にして、最近では「学びの共同体論」を含めてその議論が盛んになされています。これに対して、障害のある子どもたちの学びの場での授業と集団の関係について正面から議論することはこれまでほとんどありませんでした。障害特性と発達に即した個別の指導論に重点が置かれて、授業づくりと集団の役割には注目されてこなかったからです。

とはいえ、支援学級・学校の教育活動を支えているのは、子ども集団の役割です。前に触れた生活単元学習は、子どもたち相互の交わり関係を形成し、また通常の子どもとの関係を形成する教育（授業）として展開されてきました。また作業学習と呼ばれる教育（授業）においても、分業と協業などの視点をはじめとした集団の役割が探究されてきています。

さらに、いわゆる教科指導を中心とした学習集団編成のあり方と、生活単元学習・作業学習における学習集団編成の在り方、障害の重い子どもを対象にした授業過程での集団の在り方についても、実践の蓄積がなされてきています。また、学齢に応じた小学部から高等部の各段階における学習集団の在り方や授業に関わる教師集団の在り方も重要な課題として取り上げられてきています。
これらの教育活動における集団の意義と指導の課題はこれからも深めていくべきものですが、支援学級・学校で授業と集団づくりを探究するときに問われる基本的な論点は何でしょうか。

①文化の探究と創造

第一は、生活している仲間とともに文化の探究・創造を促す授業づくりです。支援学級・学校を問わず絵本を活用した授業づくりが展開される事例は多く見られます。そこでは絵本の持つ文化に障害のある子どもが仲間とともに触れ、味わう学習が展開されています。それは単に絵本の世界を知るだけではなく、自由にその内容を解釈し、絵本文化を創造する学びの展開です。

しかし、障害のある子どもにとって教科指導は、ともすれば生活に必要な知識・技能の習得に力点が置かれます。キャリア形成論が盛んな今日では、その傾向はますます強くなっています。

支援学校での高井実践では、小学部の教科指導を「スピーチタイム」「もじもじタイム」「絵本タイム」「レッツ・メジャータイム」の名称でカリキュラムに位置づけています[19]。子どもたちの生活のストーリーに教科指導の時間を位置づけようとするからです。「〇〇タイム」を楽しみにする生活をつくり出すことによって、教科の世界に参加しようとする意欲を育てようとしています。

生活に必要な教科指導の意味を、単に日常の生活に即した視点だけではなく、こうして「今の生活を楽しみ、つくる」重要な場としてとらえることがポイントです。そこでは仲間とともに文化に世界に挑もうとする集団づくりが求められています。

本論の最初に指摘した「自立活動」の展開も、単に指導の「領域」としてではなく、教科指導の場が障害児の自立にとって必要な「機能」をもつことを改めて確かめておきます。

仲間とともに探究する授業づくりとは、集団づくりの視点を踏まえた授業の過程をより意識することです。障害特性によっては、個別の学習場面に配慮しながら、他方では先にあげた高井実践の「もじもじタイム」では、「もじもじの心得」を全員で読み上げて学習に入るなどの工夫がなされています。

主に自閉症児に取り組んだ熊本実践[20]では、絵本の読み聞かせを通して人間関係を育てる授業が展開しています。絵本の読み聞かせのある生活を継続することによって、集団から離れていた子どもが側によって仲間の中に入るようになるという場面は、学習に参加することを性急に求めるのではなく、文化をともにわかち合おうとする生活に根ざした学びの場面が、ゆっくりではあっても子どもの集団参加を引き出すことを示しています。

この実践では、「言葉の指導」を単に文字カードといったツールを媒介にするだけではなく、話したくなるような場面や生活とともに「家族・友だち・教師」といった認め合う集団を媒介にして育つ力に注目しています。自閉症児にとってコミュニケーションの力を育てる土台に子ども集団の形成があることを実践の方針にしているからです。

文化の探究と創造という視点は、教科指導だけではなく、自立活動の指導を支えます。身体機能の成長を目指す「からだ」の自立活動でも、体操をテーマにした「みんなの体操」（新沢としひこ）の教材が身体模倣の得意ではない子どもの意欲（みんなでピョンピョン繰り返し飛ぶ）を引き出すなど[21]、自立活動の分野でこそ、文化の探究と創造が土台になるのだと考えます。

②思春期から青年期にかけての自立と授業づくり

障害児の自立が本格的に問われるのは思春期から青年期にかけてです。そこで、第二には、この時期の障害のある子どもの人格的自立に寄与する教育活動として授業づくりをとらえることが必要です。支援学級の事例には、こうした視点から授業づくりへの示唆を得ることができます。

「育ちにくさを抱えた子どもたち」「将来の希望を持てない子どもたち」を対象にした中学校の支援学級の小林実践[22]では、テーマ性のある文学作品を素材にして自分たちの生活のしんどさと関わらせて「相手に通ずることばの世界」を探究するなど、生き方の探究・人格的自立の探究と関わらせた教科指導が試みられています。こうした人格形成と関連した教科指導＝授業づくりを目指すからこそ、ともに学ぼうとする集団の役割があるのだと考えます。

同様に思春期の段階で生きづらさを抱える中学生に取り組んだ加藤実践[23]でも、「集団と文化」を軸にした授業づくりが試みられています。「言葉による自己表現」「ペガサスいろはかるた」「枕草子ペガサス版」といった視点での国語学習、「身近な地域から広げる地図学習」「カレーからつながった世界の地理と歴史」という社会科の学習が構想されています。また調理学習を通して「誇らしい自分」を発見することをはじめとして、テーマ性のある学びを通して障害理解や自己理解が進められています。

先の小林実践と同様に、思春期にある中学生の自己形成（人格的自立）を意識する取り組みが支援学級集団の形成とともに構想されています。もちろん、そこには行事などでは交流を通した通常学級との共同論が意識されています。

支援学校の高等部段階の取り組みにおいても、上記のようなテーマ性のある学びを集団の中で展開することによって、自己理解や障害理解を促すことができるのだと考えます。教科指導においてもこの点は留意すべき課題です。例えば、肢体不自由の支援学校高等部の美術の授業で、ピクトグラムを扱う授業では、ともすると一般に流布しているピクトグラムの意味を知り、そのデザインを理解するといった展開になりがちです。しかし、例えば自分たちで身の回りの環境に必要なピクトグラムを作成し、自分たちの生活に参加する学びを構想することも可能です。こうした学びの質が、仲間とともにピクトグラムを真剣に考え、また美的感覚を重視する教科指導を保障することになるのです。

第三には、こうした二つの視点をもとに授業づくりを進めるための基盤を確かめることです。それは一つには教師集団が授業の基盤である子ども集団の形成という生活指導の見通しと実践の評価をどう共有するかです。二つには、「人格的自立」といった教育的課題をどう目標化し、また実践を評価するかのリアリティをどう保障するかです。三つには、こうした視点を基にして、授業過程を構想する教材論・指導の技術論を検討していくことです。

3 子ども集団づくりを支える共同

特別支援学級・学校の子どもの発達を支えるためには、かつて「極微の進歩にはたくさんの人手と大きな装置が必要」(びわこ学園「夜明け前の子どもたち」)だと指摘されたように、障害のある子どもに取り組む質の高い共同が幾重にも問われています。以下では、この共同論を展望する論点をいくつか検討してみます。

(1) 指導方針の共有

複数の教師による指導が普通の特別支援学校や場合によっては支援学級においても、介助員とともに指導する場面など、障害児教育は複数担当が日常です。そこでは指導方針の共有をどう図るかがポイントです。

①エビデンス重視の中で

先にあげた自閉的傾向の子どもを担当した熊本実践では、いろいろな場面で暴れる子に対して「言葉で自分のことを説明すること」を信頼して待つ姿勢を貫くことが方針として立てられています。また、アスペルガー障害の子にとって大勢の子どもがいる集まりに緊張することを仮説として立てて、みんなが集まる前にその子と体育館にともに入ることが試みられています。[24]

今、教育の世界ではエビデンス論が盛んに指摘され、指導の効果・成果が厳密に問われる傾向が強くなっています。そこでは、暴れる行動が減ること、みんなのところに集まることができるようになるという成果を上げることが期待されます。

先にあげた教師たちの指導方針の意義は、こうしたエビデンス＝成果を出すことを性急に求めるのではなく、子どもと同じ地平に立って対話を繰り返しながら、その子の中に教師とともに生活することへの見通しが育ち、そこに参加しようとする内面の強さが育つことを信頼していることにあるのです。こうした指導方針がどう指導者集団において共同の方針として共有されるのか、ともすればエビデンス論に偏る教師との対立が続くといわれる今日の学校において問われる重要な課題です。

②指導観や授業観をめぐる共同

特別支援学校では、本論の冒頭で触れたＩＣＦ論を背景にして、例えば障害のある子どもの「苦手なところ」を指導の課題にするのではなく、得意なところを活かした課題設定と指導の意義が強調されたりしています。作業学習の指導でも、本人の持っている力を発揮できる状況から出発して、その課題を達成することによって自信を育て、それを支えにして苦手にしている課題にも取り組むことができるようになるという発想です。極端な場合には「こだわり」も「できること」の一つとしてとらえ、それを活かす指導を、という議論もあるほどです。

こうした指導の指針をめぐる議論がどれだけ指導者集団においてなされているのかも、エビデンス論とともに問われている課題です。

「できること」に依拠した指導といっても、障害のある子が自信をもつに至るプロセスにおいて、どのような指導がていねいになされているのか、「できること」「得意なこと」が仲間からどう評価されるかなど、他の子どもたちとのどのような関係が築かれる中で指導されているのかを考慮することが肝心です。こうした指導のプロセスに注目した探究が求められています。

学校教育で多くの時間を占めている「授業づくり」についても、指導者の共同が今、問われています。先に述べてきたように、授業づくりを集団の視点からとらえようとするのは、教材文化の世界を探究する面白さを障害のある子どもとともに体験しようとするからです。そこには教師（集団）からの呼びかけ・働きかけと、しばしば起こる逸脱や予想から外れた子どもたちの多様な応答に教師（集団）が参加し、対話を通して授業の過程をつくり出す面白さがあります。

しかし、支援学校においては、教師が整える学びの場の環境にそって淡々と子どもが活動する場面に接することも稀ではありません。そこでは、今指摘したような学習集団を土台にした授業づくりの醍醐味を感じることはありません。

こうしたとらえ方と、周到に用意されてはいても淡々と進む授業に価値を置くとらえ方をめぐって、どれだけ指導者集団の間で検討がなされているのでしょうか。

支援学級の授業についても、制度として規定されている側面に留意しつつ、カリキュラムづくりや授業づくりをどう創造的に展開していくのかについての共同が問われています。教科書という制度に沿った指導に目を配りつつ、目の前の子どもたちの生活に根ざした教材の開発と授業展開をどう創造的に進めていくのか、複数担当ではないことも多い支援学級だけに、よりいっそう担当の教師を支える共同が求められていると考えます。

③指導観を問い直す実践のポリシー

今「創造的に」と述べましたが、それは支援学級の授業づくりに対して実践のポリシーをもつことです。熊本実践では、絵本の読み聞かせを媒介にして子どもとの関係を構築し、子どもの「願いや要求、心の動き、人間関係を含めた生活の質」を吟味する授業づくりをポリシーにしています。

「できた、わかった、すごいといった感動」が社会性や言語の発達を促すのだという信念のもとに進めてきた熊本の実践論には、支援学級の授業づくりが、単に教科を含めた指導領域を平均して網羅し、指導するという発想を越えて、「人やモノとの素晴らしい出会いをつくっていく」という学びの質を創造しようとするポリシーが根付いています。そのためには「認めあう子ども集団を組織する」ことがポイントになることが強調されているように、授業づくりを支える重要な基盤に常に子ども集団の役割が意識されていることを見逃してはならないと考えます。

こうした授業づくりのポリシーは教師自らが多様なネットワーク（自主的な研究会など）の中で指導観を問い直す生活の中にいるからこそ創造できたものです。

教室の学習環境を構造化して、間違いのないスムーズな授業を目指す背景には、かつての規律管理型の権力ではなく、環境管理型権力といわれる指導の権力構造があることにも留意すべきです。[25] 障害児がしらずしらずのうちに環境に適応させられていく授業では、私たちが求めてきた主体的な学習を促すことはできないと考えます。授業実践の背景にあるポリシーを問うことなしに、指導観を豊かにしていくことはできないからです。

(2)ホール・スクール・アプローチ

指導方針の共有を軸にした共同は、今述べてきた支援学級での授業づくりの指導観が担任のみの世界に留まるのではなく、広く通常学級の授業づくりの問い直しにつながるものでなければなりません。インクルーシブ教育の中でホール・スクール・アプローチと呼ばれてきた考え方には、単に支援が必要な子どもをコーディネートするという制度的な視点だけではなく、指導観や授業観をめぐる共同がどれだけ進められているかが提起されているのだと考えます。

通常の学校においては支援学級の子どもの発達の事実をどう学校内で読み開いていくのか、またその読み開きが通常学級に在籍する支援の必要な子の行為・行動を理解する鍵になるのです。

とはいえ、通常学校において支援学級や通常学級を越えて子どもの事実を読み開き、共同することは容易ではありません。この間の全生研の実践交流で、ある教師は、「一気に全員がこうした子ども理解の共同に進むのではなく、つながることのできる教師とつながり、そこで子どもの事実を読み開く意義を学校内の教師に提起することからはじめる」と指摘していましたが、こうした取り組みが今、求められています。インクルーシブ教育を進めるポイントの一つは、こうして子ども理解をめぐって教師相互に「開かれた世界」を創造することにあります。

このようにホール・スクール・アプローチは、開かれた世界を構築する共同のプロセスを指しています。

小学部から高等部までを含む支援学校においても、障害のある子どもの基礎的な力を育てるという小学部、そして社会への移行を前にした自立の力が求められる高等部との間に位置する中学部では何を指導の重点にするのかが意外と意識されてはいません。地域の小学校から入学してきた子どもと小学部から進学した子どもとで構成されることの多い中学部での指導方針をめぐる共有がどうなされるのか。さらに、小学部の担当の子ども理解や高等部担当の子ども理解が中学部の子ども理解にどう読み開かれていくのか、学部を越えた共同が問われています。

(3) 生活に根ざした共同

学校での子ども集団づくりを支える共同は学校内を越えて広く生活に根ざした共同論を問いかけています。

その一つは乳幼児期の子ども集団づくりと学齢期のそれとの共同です。わが国の障害児保育は多くの実践の成果を残しています。小集団保育論など、支援に必要な乳幼児の居場所づくりの視点は、そのまま学齢期における集団指導の在り方につながっているからです。とりわけ小学校低学年段階におけるインクルーシブ教育を問うためにも、幼児期と学齢期の指導者相互の共同論がこれから必要になります。[26]

二つには学齢期の取り組みと卒業後の学びの場づくりの取り組みとの共同です。青年期の学びの場づくりの実践が全国的に蓄積されてきている今、こうした取り組みから学齢期の特に高等部段階の実践に学ぶものは何かを解明することが必要です。卒業後の学びの場は、単に社会に移行する猶予の期間ではなく、地域で生活する集団・コミュニティづくりを体験する場でもあるからです。それだけに、高等部の段階においても青年期を目指してどのような仲間集団を形成するのか、その視点からの実践が肝心です。その意味でも、こうした指導を担っている職員相互の共同がますます問われることになります。

三つには学校を越えた共同です。障害のある子ども集団づくりにおいても、展開する活動が貧弱では、集団づくりを豊かに展開することはできません。その意味では授業づくりで子どもたちの学びの活動をどう構想するかは集団づくりの重要な課題です。

その際、先に紹介してきた教材文化を軸にした活動の構想は、支援学級・支援学校に共通して必要なものです。生活単元学習と呼ばれてきた学習論には、通常学級における学びを再考する要素があるはずです。こうした支援学級・学校からの発信を受け止めて学校種を超えた共同がこれからの重要な課題です。

支援学校の中でも不登校の子どもを含む支援を展開してきた病弱の支援学校は、通常の学校の在り方と深く関係しています。中途で通常学校から支援学校に転校することや、逆に通常学校に帰ることなど学齢期に生活の場の移動を伴うことも少なくありません。生活する基礎集団を含めて、こうした子どもたちの生活の質をどう把握して支援するのか、ここでも学校を越えた共同が不可欠に要請されています。

本論の冒頭でも指摘したように、わが国の特別支援教育は不登校の子どもを対象にしてはいません。しかし、こうした子どもの中には発達障害に起因する困難さから通常学校に適応しづらい事例が少なからず含まれています。それだけに、通常学校にだけ生活の拠点を置くのではなく、多元的な生活の場を保障することが求められています。先に触れましたが、心身症の子どもなどを受け入れ、この分野では先駆的な役割を果たしてきた大阪・貝塚養護学校の閉校から八年近くになりますが、今、不登校の子どもたちはどこに生活の拠点をもっているのでしょうか。そのことの検証など、学校種を超えた共同の議論が必須の課題です。

第三には、学校ともう一つの生活の場である学童保育の取り組みとの共同もこれからの課題です。日常の学校生活で生きづらさをもつ発達障害の子どもは、通常学級・支援学級を問わず多かれ少なかれ困難さを抱えて学童保育の場に顔を出しています。学童保育の指導員に甘えたり、仲間に対して暴言を吐いたりするなど、適応できない様子を示すこともしばしば報告されてきています。それだけに学童保育の担当と学校の教師との対立もよく見られることです。

抑圧的な今日の学校の生活を批判する学童保育の立場、また逆に学童保育が甘えさせる場になっているとの学校側からの批判が繰り返されています。こうした批判と対立からはこれからの子ども集団づくりを展望することはできません。生きづらさを抱える子どもたちが示す行動の事実を共同で読み開く姿勢をどうもつのか、それが課題です。

障害児にとって、支援学級から通常学校への移動や学童保育の場に移動する毎日の生活は、いつも他者との関係で自己を意識させられる生活です。安心して自己を出し、生活する場を障害児は求めています。それだけに、学童保育と学校との共同を通してどう特別な困難さのある子どもを理解し、支援するかが鍵になります。

この共同では、子ども相互の行動を読み開く場が必要です。学童保育のある事例では、[27]支援学級の子どもの一日の様子について、学童保育の帰りの会で聴き取るなどの取り組みも進められています。それは単に困難さのある子どもたちだけではなく、学童保育に生活する子どもたちみんなが自分の思いを表明できる場づくりの取り組みでもあるのです。

障害のある子ども集団づくりは、こうして学校を越えた共同を要請しています。それは子どもたちが暮らす地域に根ざした生活の場、コミュニティを創造する取り組みです。地域生活指導の思想は、こうして支援学級・学校、通常学級、そして学童保育で生活する特別なニーズのある子どもの生活づくり・生活指導を支える論理であり、こうした論理に立つ創造的な生活指導実践の展開がいっそう問われます。

最後にともに子育てを担う保護者との共同も生活に根ざす重要なポイントです。少し前になりますが、田中実践では、(28)なかなか気持ちを交わし合うことのできなかったダウン症の小学生に対して、家庭訪問で遊んだウルトラマンごっこを契機に「分厚い氷の壁が溶けるように指示が通り、表情も豊かになった」と述べられています。本論で指摘した共感的他者＝居場所として教師を発見したからです。それからは学校祭り等の活動を通して友だちとの交わり関係が深められています。そして、次第に両親が教師の依頼に応えるようになり、家族の生活に子どもが位置付いていったことが指摘されています。

このように集団づくりの取り組みを通して保護者との共同のサイクルを構築し、ともどもに生活に根ざした子育てを担う地域生活指導の論理が改めて求められています。

注

（1）清水貞夫『インクルーシブ教育への提言』クリエイツかもがわ、二〇一二、五〇頁

（2）竹内常一・佐藤洋作編『教育と福祉の出会うところ』山吹書店、二〇一二、二四七頁

（3）特別支援教育とキャリア教育の具体的なポイントについては、渡邊健治・湯浅恭正・清水貞夫編『キーワードブック特別支援教育の授業づくり』（クリエイツかもがわ、二〇一二）の「キャリア教育」の章を参照

（4）木下孝司「障害児の指導を発達論から問い直す—要素主義的行動変容型指導を越えて」『障害者問題研究』Vol.39. No.2、二〇一一

（5）ICF論については上田敏「障害者の人権保障と障害—国連障害者権利条約を手がかりに考える」『障害者問題研究』Vol.43.No4、二〇一六

（6）吉川一義「ICFから特別支援教育の積弊を再考する」『障害者問題研究』Vol.43.No.4、二〇一六

（7）河合隆平「自立活動と教育実践の課題—「自立」像とICFの検討を中心に」『障害者問題研究』Vol.38.No.1、二〇一〇

（8）川合章「普通教育としての障害児教育」『講座　現代教育学の理論　二　民主教育の課題』青木書店、一九八二

（9）竹内常一「発達のもつれをもつ子どもの指導と集団づくり」『生活指導』No.334、明治図書、一九八四

（10）鳥取大学附属特別支援学校『平成二三年度研究発紀要』第28集、二〇一二、P全一七

（11）同上書、P全二五

(12) 別府哲「自閉症スペクトラムの機能連関、発達連関による理解と支援」『障害者問題研究』Vol.42.No.2、二〇一四
(13) 平林太郎「自閉症ショウの育ち」『全生研第四六回大会紀要』二〇〇四
(14) 熊本勝重「子どもたちの世界をつなぎ、融合するのが学級づくり」湯浅ほか編『特別支援教育のための子ども理解と授業づくり』ミネルヴァ書房、二〇一三、五六—五七頁
(15) 湯浅誠『貧困襲来』山吹書店、二〇〇七
(16) 大藤栄美子・楠凡之・藤本文朗編『登校拒否児の未来を育む』大月書店、一九九二
(17) 猪野善弘「ユウスケの願いに寄り添う」湯浅編『困っている子と集団づくり』クリエイツかもがわ、二〇〇八
(18) 城丸章夫『幼児のあそびと仕事』草土文化、一九八一、一〇一頁
(19) 高井和美「友達とともに学ぶ楽しさを味わう教科指導をめざして」『家教連家庭科研究』No.323、二〇一五
(20) 熊本勝重『読みとけば見えてくる自閉症児の心と発達』クリエイツかもがわ、二〇一二
(21) 井関美季「おひざをまげて……ハイ　ジャンプ」『二〇一四年全国障害児学校・学級学習交流会』資料
(22) 小林徹「中学校・高等学校　思春期の育ちを支えることばの授業」浜本純逸監修・灘波博孝・原田大介編『特別支援教育と国語教育をつなぐことばの授業づくりハンドブック』渓水社、二〇一四
(23) 加藤由紀『思春期をともに生きる』クリエイツかもがわ、二〇一四
(24) 猪野善弘、前掲書
(25) 山本敏郎「環境管理型権力と生活指導」山本敏郎・鈴木庸裕・石井久雄編『学校教育と生活指導の創造—福祉社会・情報社会における学校と地域』学文社、二〇一五
(26) 湯浅恭正ほか編『障害児保育は「子ども理解」の場づくり』かもがわ出版、二〇一四
(27) 市川ゆかり「障害のある子と学童保育における生活と集団」『障害者問題研究』Vol.41.No.2、二〇一三
(28) 田中浩太郎「まるおの心を開くには……」『全生研第四四回大会紀要』二〇〇二

編著者
湯浅　恭正（ゆあさ　たかまさ）
1951 年島根県生まれ。1979 年広島大学大学院教育学研究科博士課程退学。徳島文理大学・香川大学・大阪市立大学を経て、2015 年10月から中部大学現代教育学部教授。
専門：特別ニーズ教育論・教育方法学。全国生活指導研究協議会研究全国委員・日本教育方法学会等に所属。
主な著書に『困っている子と集団づくり』（編著・クリエイツかもがわ、2008）、『子どものすがたとねがいをみんなで』（共編著・クリエイツかもがわ、2011）、『新教師論』（共編著・ミネルヴァ書房、2012）、『インクルーシブ授業をつくる』（共著・同、2015）、『教師と子どもの共同による学びの創造―特別支援教育の授業づくりと主体性』（共著・大学教育出版、2015）

小室友紀子（こむろ　ゆきこ）
1970年埼玉生まれ。2002年東洋大学社会学部応用社会学科社会福祉学専攻卒業。
東京都立特別支援学校教諭。
全国生活指導研究協議会常任委員。

大和久　勝（おおわく　まさる）
1945年東京生まれ。1968年早稲田大学教育学部卒業。2005年3月まで東京都の小学校教諭。
現在、全国生活指導研究協議会常任委員。
主な著書に『アパッチの旗』（明治図書、1983）、『「ADHD」の子どもと生きる教室』（新日本出版社、2003）、『共感力―「共感」が育てる子どもの「自立」』（同、2007）、『困っている親と困っている教師―対立から共同へ』（同、2008）、『困った子は 困っている子』（クリエイツかもがわ、2006）、『発達障害の子どもと育つ―海ちゃんの天気 今日は晴れ』（同、2012）『対話と共同を育てる道徳教育』（同、2014）。

自立と希望をともにつくる――特別支援学級・学校の集団づくり

2016年 8月 20日　初版発行

編　著　©湯浅恭正・小室友紀子・大和久勝

発行者　田島英二
発行所　株式会社 クリエイツかもがわ
〒601-8382　京都市南区吉祥院石原上川原町21
電話 075（661）5741　FAX 075（693）6605
ホームページ http：//www.creates-k.co.jp　メール info@creates-k.co.jp
郵便振替　00990-7-150584

印刷所　T-PLUS/為国印刷株式会社

ISBN978-4-86342-192-9 C0037　　printed in japan

はじめての学級づくりシリーズ　全3巻

大和久勝・丹野清彦　編著

「学級づくりとは何か」「教師の指導はどうあったらいいか」学級づくり・集団づくりのヒントがいっぱい。あわせて読んでも、それぞれの巻を読んでもわかりやすい！

A5判180〜186頁　各本体1800円＋税
イラスト　岩本みよ子

1 班をつくろう

執筆●泉克史・小野晃寛・古関勝則・中村弘之

学級づくりに“班”を取り入れてみませんか。

第1章　班をつくろう──ワークショップ編
あったかな班をつくろう／係りを班で受け持とう／班で掃除を受け持つとしたら／
休み時間に班で遊ぼう／班で目標をつくってハリのある生活を／
お楽しみ会も班を使おう／授業で班を使ってみよう／「困っている子」を理解しよう
第2章　やってみよう！──実践編
第3章　おしえて！ 班づくりの魅力と発展──やさしい理論編

---

2 リーダーを育てよう

執筆●泉克史・小野晃寛・古関勝則・髙橋孝明・
地多展英・中村弘之・安原昭二

リーダーはどこにいる？

第1章　リーダーを育てよう──ワークショップ編
リーダーをさがせ／リーダーの仕事はなあに／はじめは交代制、全員班長さん／
係り活動で仕事を教えよう／遊びのリーダーを育てよう／
授業で大活躍、学習リーダー／生活の目標でリーダーを育てよう／班長を育てるほめ方／
リーダーに任せてみよう、学級イベント／班長会のもち方／
影の実力者を表に─いじめを許さない／学級委員長は何をする？
第2章　やってみよう！──実践編
第3章　おしえて！ リーダーづくりとは何？その魅力と発展──やさしい理論編

---

3 話し合いをしよう

執筆●泉克史・小田原典寿・風野みさき・小野晃寛・古関勝則・
髙橋孝明・中村弘之・牧野幸

やってみよう！対話・討論・討議

第1章　話し合いをしよう──ワークショップ編
何でも話し合おう／いつでも話し合う／はじめての話し合い 学級憲法をつくろう／
学級会の議題はどこから／原案を書いて話し合おう／
決め方はどうする？　多数決or全員一致／みんなで決めて、みんなで守る
困った！いじめ発見 みんなで討論／どうする！ケンカ発生 個別に対話／いやだ！モノがなくなった
第2章　やってみよう！──実践編
第3章　おしえて！ 話し合いづくりとは何？その魅力と発展──やさしい理論編

HAJIMETENO GAKKYU DUKURI SERIES

○△□